À
Céline,
Steve
et
Christian

DU MÊME AUTEUR

Modèles Mathématiques en Sciences de la Gestion, Montréal, Les Presses de l'Université du Québec, 1973, xiv et 338 pages (épuisé).

La statistique et l'ordinateur, Montréal, les Presses de l'Université du Québec, 1973, xiv et 228 pages (épuisé).

Programmation linéaire, aide à la décision économique et technique, Trois-Rivières, Les Éditions SMG, 1976, xviii et 372 pages.

Introductions à la programmation linéaire, Trois-Rivières, Les Éditions SMG, 1977, xv et 190 pages.

En collaboration avec Jacques Rainville

Introduction à la statistique appliquée, 2e éd., Trois-Rivières, Les Éditions SMG, 1976, xvii et 538 pages.

Statistique appliquée, tome 1, calcul des probabilités et statistique descriptive, 3e éd., Trois-Rivières, les Éditions SMG, 1977, xvii et 272 pages.

Statistique appliquée, tome 2, tests statistiques, régression et corrélation, 2e éd., Les Éditions SMG, 1976, xvii et 444 pages.

MODÉLISATION

ET

OPTIMISATION

MÉTHODES QUANTITATIVES DE GESTION

MODÉLISATION

ET

OPTIMISATION

avec applications en gestion et en économie

par

Gérald Baillargeon
Université du Québec à Trois-Rivières

2ième Édition
revue et corrigée

Les Éditions SMG
Science - Mathématique - Gestion
Trois-Rivières, P.Q.

ISBN 0-88608-002-9

Dépôt légal - 4e trimestre 1977

Bibliothèque nationale du Québec
Bibliothèque nationale du Canada

Les Éditions SMG, C.P. 1954, Trois-Rivières, Qué., G9A 5M6

AVANT-PROPOS

Cet ouvrage s'adresse particulièrement à des étudiants en administration, sciences comptables, économie, recherche opérationnelle qui désirent s'initier à des méthodes élémentaires d'optimisation. Deux aspects importants sont traités soit, d'une part, la modélisation de différents problèmes de gestion, et d'autres part, l'utilisation de méthodes appropriées d'optimisation.

Le premier chapitre traite de modélisation et nous y présentons de nombreux modèles accompagnés de leur représentation graphique. Nous croyons qu'il est très important que le lecteur puisse reconnaître, par la représentation graphique, un modèle simple, qu'il soit linéaire ou non. Il en verra certainement une grande utilité si par la suite il doit suivre un cours de statistique et particulièrement d'analyse de régression.

Dans le deuxième chapitre, nous faisons un rappel de quelques concepts du calcul différentiel. Ceci permettra au lecteur qui n'a pas été initié à ce secteur des mathématiques de quand même progresser sans trop de difficultés. L'utilisation de la dérivée est présentée comme méthode d'optimisation particulièrement avec l'emploi du test de la dérivée première et du test de la dérivée seconde.

Dans le chapitre 3, nous traitons de fonctions de plusieurs variables indépendantes. La méthode d'optimisation que nous utilisons alors est celle des dérivées partielles. Dans le cas où la fonction à optimiser est sujette à une contrainte, la méthode utilisée sera alors celle du multiplicateur de Lagrange.

Au chapitre 4, nous traitons de certains éléments du calcul intégral; nous l'appliquerons pour déterminer l'aire sous une courbe et calculer la valeur moyenne de l'ordonnée. Ces notions nous seront particulièrement utiles dans le chapitre 5.

Nous terminons cet ouvrage en développant quelques modèles mathématiques de gestion des stocks et en appliquant les méthodes d'optimisation que nous avons traitées dans les chapitres précédents pour déterminer les règles optimales de décision.

★

★   ★

Comme dans le premier ouvrage de cette collection, *Introduction à la programmation linéaire,* l'auteur s'est efforcé de présenter diverses applications et de souligner par de nombreuses remarques, différents points importants ou complémentaires. De plus le lecteur trouvera à la fin de l'ouvrage les réponses aux différents problèmes.

L'auteur désire remercier le professeur Nguyen Ky Toan pour ses nombreuses suggestions, son collègue Jacques Rainville qui a eu l'amabilité de relire entièrement le manuscrit et dont les suggestions et corrections ont été retenues avec empressement. Enfin, l'auteur désire remercier madame Jacqueline Hayes qui a effectué un travail remarquable lors de la dactylographie du manuscrit.

Gérald Baillargeon
UQTR

TABLE DES MATIÈRES

Chapitre 1 - Modèles déterministes et leur réprésentation graphique

1.1	Introduction	3
1.2	Représentation fonctionnelle	4
1.3	Quelques formes de modèles et leur représentation graphique	5
1.3.1	Modèle linéaire	5
1.3.2	Modèle quadratique	9
1.3.3	Modèle polynomial	12
1.4	Un premier cas d'optimisation: l'entreprise Les Jouets	13
1.5	Modèles de type exponentiel	20
1.5.1	Modèle exponentiel	20
1.5.2	Modèle exponentiel modifié	21
1.6	Problèmes	22

Chapitre 2 - Méthodes d'optimisation: utilisation de la dérivée

2.1	Choix d'une méthode d'optimisation	31
2.2	Rappel de quelques concepts du calcul différentiel	32
2.2.1	Taux moyen de variation	33
2.2.2	Taux instantané de variation	34
2.2.3	Définition de la dérivée	38
2.3	Règles générales de dérivation	40
2.4	Dérivées d'ordres supérieurs	43
2.5	Applications de la dérivée en gestion et en économie	43
2.6	Différentes fonctions de coût total et leur coût marginal	46
2.7	Revenu Marginal	47
2.8	Maximisation du profit: analyse marginale	48

2.9   L'entreprise Les Jouets et l'analyse marginale 49
2.10   Optimisation: modèle à une variable indépendante 51
2.10.1 Valeurs optimales d'une fonction 51
2.10.2 Extremums 51
2.11   Détermination des extremums: test de la dérivée première 52
2.12   Détermination des extremums: test de la dérivée seconde 57
2.13   L'analyse marginale et le test de la dérivée seconde 61
2.14   Effet d'une taxe sur l'optimisation du bénéfice 63
2.15   Changement de concavité d'une fonction: point d'inflexion 69
2.16   Problèmes 71

Chapitre 3 - Méthodes d'optimisation: utilisation des dérivées partielles

3.1   Fonctions de plusieurs variables indépendantes 81
3.2   Dérivée partielles 82
3.3   Interprétation géométrique des dérivées partielles 84
3.4   Dérivées partielles d'ordres supérieures 86
3.5   Détermination des extremums d'une fonction de deux
        variables indépendantes 88
3.6   Optimisation de la fonction de profit: entreprise Les Jouets 93
3.7   Optimisation avec contrainte: méthode du multiplicateur
        de Lagrange 94
3.8   Interprétation économique du multiplicateur de Lagrange 101
3.9   Entreprise Les Jouets: optimisation avec limitation de la
        capacité de production 102
3.10   Détermination des valeurs optimales en fonction de b 106
3.11   Généralisation de la méthode des multiplicateurs de Lagrange 109
3.12   Problèmes 110

Chapitre 4 - Calcul intégral

4.1   Introduction 121
4.2   Fonction primitive: intégrale indéfinie 121
4.3   Intégrales de fonctions usuelles 123
4.4   Aire sous une courbe 127
4.5   Théorème fondamental du calcul intégral 132
4.6   Valeur moyenne de l'ordonnée 137
4.7   Problèmes 139

Chapitre 5 - Modèles de gestion des stocks

5.1   Introduction 145

5.2   Différentes catégories de coûts dans un modèle de gestion des stocks 145

5.3   Modèle 1: modèle sans rupture de stock et délai de livraison nul 147

5.4   Détermination de la quantité optimale: modèle 1 150

5.5   Délai d'approvisionnement constant 155

5.6   Modèle 2: taux d'approvisionnement fini 156

5.7   Détermination de la quantité optimale: modèle 2 159

5.8   Modèle 3: modèle avec rupture de stock 163

5.9   Détermination de la politique optimale pour le modèle 3 165

5.10   Autres modèles 169

5.11   Problèmes 169

VALEURS DE e^{-x} 177

BIBLIOGRAPHIE 179

RÉPONSES AUX PROBLÈMES 183

1

SOMMAIRE

1.1   Introduction

1.2   Représentation fonctionnelle

1.3   Quelques formes de modèles et leur représentation
       graphique

1.3.1 Modèle linéaire

1.3.2 Modèle quadratique

1.3.3 Modèle polynomial

1.4   Un premier cas d'optimisation: l'entreprise Les Jouets

1.5   Modèles de type exponentiel

1.5.1 Modèle exponentiel

1.5.2 Modèle exponentiel modifié

1.6   Problèmes

MODÈLES DÉTERMINISTES ET LEUR REPRÉSENTATION GRAPHIQUE

CHAPITRE 1

1.1 INTRODUCTION

La fonction d'une direction d'entreprise consiste, entre autres, à intégrer les politiques et les opérations de ses divers
services de façon à obtenir un résultat aussi rapproché que possible de l'objectif fixé. La direction veut, par exemple, évaluer
les accomplissements de chaque service. Les objectifs sont assi-
gnés aux uns et aux autres; celui de la production est généralement formulé ainsi: obtenir une production maximale et un prix de
revient unitaire minimal; celui des services commerciaux peut être:
réaliser le plus gros chiffre d'affaires possible avec les frais
de vente unitaire les plus bas; et ainsi de suite...

Sans vouloir prétendre à quantifier tous les types de problèmes qui peuvent se présenter dans une entreprise, nous allons
plutôt exposer d'une façon simple, sans trop de rigueur, l'aspect
modélisation et optimisation à l'aide de certaines techniques et
ceci dans différentes situations.
Notre objectif principal est, d'une part,

de représenter sous forme d'un *modèle mathématique* certains
problèmes de gestion qui peuvent être quantifiés,

et d'autre part,

de déterminer la (ou les) valeur(s) des variables qui permet (tent) d'obtenir une valeur maximale ou minimale pour l'expression mathématique que nous avons d'abord formulée; nous ferons alors appel à certaines *techniques d'optimisation*.

Remarque.   Nous avons déjà traité du type de problèmes qui consistait à optimiser une fonction économique tout en respectant un ensemble de contraintes linéaires[1]. La technique d'optimisation qui était alors appropriée était la *méthode du simplexe*. Nous ne discuterons donc pas, dans cet ouvrage, des modèles de programmation linéaire. Nous allons plutôt insister sur la formulation de modèles qui seront, dans la plupart des cas, des *modèles non linéaires* et présenter certaines techniques d'optimisation, entre autres, les *dérivées simple et partielle* et la *méthode du multiplicateur de Lagrange*.

1.2 REPRÉSENTATION FONCTIONNELLE

Les modèles mathématiques que nous développerons ou que nous utiliserons permettront de représenter sous forme symbolique la structure du problème. Notre but toutefois n'est pas de manipuler les modèles pour voir comment certaines variables peuvent réagir en fonction des changements apportés à d'autres variables. Dans la plupart des cas, les modèles que nous traiterons ne comporteront qu'une seule variable dépendante, que nous dénotons Y, et une ou plusieurs variables indépendantes (que le gestionnaire peut contrôler), que nous dénotons X_1, X_2, ..., X_n.

La représentation fonctionnelle exprimant la relation existante entre Y et X_1, X_2, ..., X_n peut s'écrire comme suit:

$$Y = f(X_1, X_2, ..., X_n)$$

Ainsi les coûts de production (Y) d'un certain produit peuvent être fonction des coûts de la main d'oeuvre (X_1), du coût

---

[1] Voir G. Baillargeon, *Introduction à la programmation linéaire*, Trois-Rivières, Les Editions SMG, 1977 (collection méthodes quantitatives de gestion).

des matières premières (X_2) et du nombre d'unités fabriquées (X_3):
$Y = f(X_1, X_2, X_3)$.

Remarque. Il peut aussi exister des restrictions sur les valeurs des variables indépendantes et elles se traduisent habituellement par un ensemble supplémentaire d'équations ou d'inéquations.

1.3 QUELQUES FORMES DE MODÈLES ET LEUR REPRÉSENTATION GRAPHIQUE

Différents types de modèles sont habituellement utilisés pour exprimer les relations qui existent entre les variables; le gestionnaire devrait être en mesure de reconnaître différents types de fonctions et, lorsque la situation l'exige, d'établir ces relations qui permettront de modeler le lien existant entre les variables.

Remarque. Les modèles que nous traitons dans cet ouvrage sont de nature déterministe. C'est donc dire que nous ne tiendrons pas compte de l'élément incertitude ou de l'effet de hasard dans la formulation des modèles. Lorsque le modèle comporte un terme aléatoire permettant de tenir compte de l'effet du hasard, nous sommes alors en présence d'un *modèle probabiliste* ou *statistique*. L'estimation des paramètres du modèle se fait alors avec des techniques appropriées relevant du domaine de la statistique et particulièrement de la régression multiple. Nous ferons toutefois quelques remarques sur certains modèles probabilistes lorsque nous le jugerons à propos.

1.3.1 MODÈLE LINÉAIRE

La forme mathématique du modèle linéaire ou modèle d'ordre 1 est

$$Y = f(X) = \beta_0 + \beta_1 X$$

où

Y : variable dépendante

X : variable indépendante

β_0: ordonnée à l'origine (valeur de Y lorsque X = 0)

β_1: coefficient de la variable X, $\beta_1 \neq 0$.

Ce modèle représente l'équation d'une droite et dont β_1 représente la pente; la pente peut prendre une valeur positive ou négative. Les termes β_0 et β_1 sont aussi appelés *paramètres du modèle*.

La représentation graphique de ce modèle est la suivante:

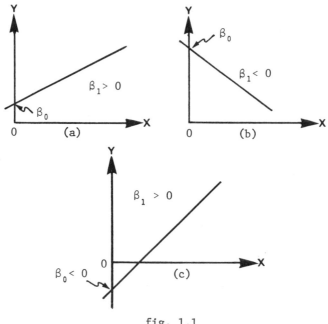

fig. 1.1

Cas particulier: $\beta_0 = 0$.

Le modèle se réduit alors à $Y = f(X) = \beta_1 X$.

Si $\beta_1 > 0$, la représentation graphique est alors la suivante

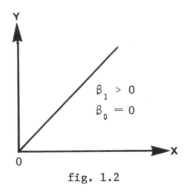

fig. 1.2

EXEMPLE 1.1 Une entreprise a compilé les données suivantes concernant la demande d'un certain produit pour différents prix de
vente:

Demande	Prix de vente
9 000	$10
8 500	15
8 000	20
7 500	25
7 000	30

Reportons ces données sur un graphique. On obtient la figure 1.3

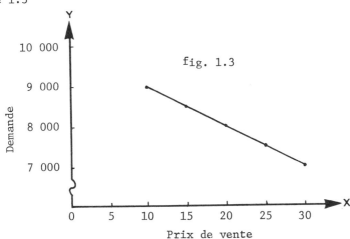

fig. 1.3

Un modèle linéaire de pente négative permettrait de mettre
en relation la demande en fonction du prix de vente.

Remarques. 1) Lorsque les points se situent sur une droite comme ceux de la figure 1.3, on peut déterminer l'é-
quation de la droite en faisant appel à la géométrie analytique en utilisant la relation

$$\frac{Y - Y_1}{X - X_1} = \frac{Y_2 - Y_1}{X_2 - X_1}$$

où (X_1, Y_1) et (X_2, Y_2) sont deux points de la droite.

2) Lorsque les points expérimentaux sont plutôt é-
parpillés autour de la droite, la façon d'obtenir
l'équation de la droite, qui minimiserait l'écart
entre la droite et les points expérimentaux, serait d'utiliser la *méthode des moindres carrés*.
(Effectivement, la méthode consiste à minimiser
la somme des carrés des déviations entre la droite et les points expérimentaux). Cette méthode
est habituellement traitée dans un cours de statistique (régression).

3) Pour déterminer l'équation d'un modèle linéaire,
il nous faut au moins deux points expérimentaux.

EXEMPLE 1.2 On peut déterminer facilement l'équation de la droite représentée à la figure 1.3 en substituant les points
(10, 9 000) et (30, 7 000) dans

$$\frac{Y - Y_1}{X - X_1} = \frac{Y_2 - Y_1}{X_2 - X_1} = \beta_1 = \text{pente}$$

On obtient alors

$$\frac{Y - 9\ 000}{X - 10} = \frac{7\ 000 - 9\ 000}{30 - 10}$$

$$\frac{Y - 9\ 000}{X - 10} = \frac{-2\ 000}{20} = -100 = \beta_1$$

$$Y - 9\ 000 = -100(X-10) = -100X + 1\ 000$$

$$Y = -100X + 1\ 000 + 9\ 000$$

$$= 10\ 000 - 100X$$

Une autre façon d'obtenir l'équation de la droite du modèle
$Y = \beta_0 + \beta_1 X$ est de substituer directement dans le modèle le point
(10, 9 000),

$$9\ 000 = \beta_0 + \beta_1(10)$$

et le point (30, 7 000),

$$7\ 000 = \beta_0 + \beta_1(30).$$

On obtient alors un système de deux équations à deux inconnues:

$$9\ 000 = \beta_0 + 10\beta_1$$

$$7\ 000 = \beta_0 + 30\beta_1$$

Soustrayant les deux équations, on obtient

$$2\ 000 = -20\beta_1$$

$$\beta_1 = -100$$

et alors $\beta_0 = 9\ 000 - 10\beta_1 = 9\ 000 - (10)(-100) = 10\ 000$.

L'équation de la droite est:

$$Y = 10\ 000 - 100X$$

1.3.2 | MODÈLE QUADRATIQUE |

Le modèle quadratique ou modèle d'ordre deux s'écrit:

$$Y = f(X) = \beta_0 + \beta_1 X + \beta_2 X^2$$

où

Y : variable dépendante

X : variable indépendante

β_0, β_1, et β_2 sont les paramètres du modèle et $\beta_2 \neq 0$.

Si $\beta_2 = 0$, le modèle se réduit à la forme linéaire.

Le modèle quadratique peut prendre différentes formes graphiques dépendant des signes de β_0, β_1 et β_2 et de leur grandeur. Sans expliciter tous les cas possibles, nous présentons, aux figures suivantes, quelques formes courantes.

Modèle $Y = \beta_0 + \beta_1 X + \beta_2 X^2$

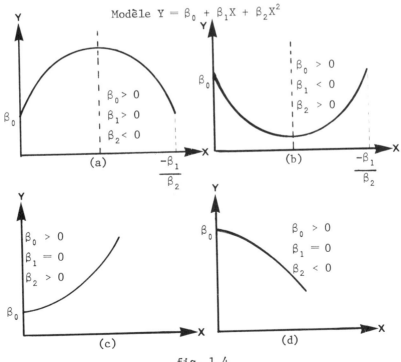

fig. 1.4

Remarques. 1) Le graphique correspondant au modèle quadratique est *une parabole* et sa figure est symétrique.

2) Il nous faut trois points expérimentaux pour déterminer l'équation du modèle quadratique.

3) Le graphique d'une parabole peut être tracé rapidement en utilisant quelques points de repère. En effet une parabole possède un *sommet* de coordonnées

$$X = -\frac{\beta_1}{2\beta_2} \quad , \quad Y = -\frac{\beta_1^2 - 4\beta_0\beta_2}{4\beta_2}$$

Si $\beta_2 < 0$, le sommet est un point maximum (voir figure 1.4(a)); si $\beta_2 > 0$, le sommet est un point minimum (voir figure 1.4(b)).

L'axe de symétrie de la parabole passe toujours par le sommet comme l'indique la figure 1.5.

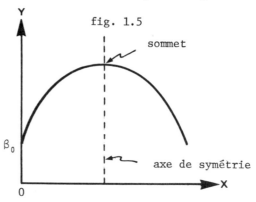

fig. 1.5

4) Lorsque $Y = 0$, on détermine les valeurs correspondantes de X avec la formule

$$X = \frac{-\beta_1 \pm \sqrt{\beta_1^2 - 4\beta_0\beta_2}}{2\beta_2}$$

Dans le cas où Y représente le bénéfice, les valeurs de X qui rendent nul le bénéfice sont appelées *points de seuil de rentabilité*. On admet aussi points morts ou points critiques.

5) On peut obtenir l'équation du modèle quadratique à l'aide de trois points expérimentaux (X_1, Y_1), (X_2, Y_2), (X_3, Y_3) et de la formule de Lagrange

$$Y = \frac{Y_1(X - X_2)(X - X_3)}{(X_1 - X_2)(X_1 - X_3)} + \frac{Y_2(X - X_1)(X - X_3)}{(X_2 - X_1)(X_2 - X_3)}$$
$$+ \frac{Y_3(X - X_1)(X - X_2)}{(X_3 - X_1)(X_3 - X_2)}$$

EXEMPLE 1.3 Supposons que le bénéfice (Y) d'une entreprise en fonction du nombre d'unités vendues (X) est représenté par l'équation

$$Y = f(X) = -45\ 000 + 40X - \frac{X^2}{200}$$

Puisque $\beta_2 = \frac{-1}{200}$, la courbe correspondant à cette équation passera par un maximum dont le sommet aura comme coordonnées:

$$X = -\frac{\beta_1}{2\beta_2} = \frac{-40}{-1/100} = 4\ 000$$

$$Y = -\frac{\beta_1^2 - 4\beta_0\beta_2}{4\beta_2} = \frac{-(40)^2 - (4)(-45\ 000)(-1/200)}{(4)(-1/200)}$$

$$= -\frac{1\ 600 - 900}{-1/50} = 35\ 000$$

Donc sommet: (4 000, 35 000).

Les points morts (valeurs de X lorsque Y = 0) sont obtenus à l'aide de l'expression

$$X = \frac{-\beta_1 \pm \sqrt{\beta_1^2 - 4\beta_0\beta_2}}{2\beta_2}$$

où $\beta_0 = -45\ 000$, $\beta_1 = 40$, $\beta_2 = -1/200$.

Substituant, on obtient

$$X = \frac{-40 \pm \sqrt{(40)^2 - (4)(-45\ 000)(-1/200)}}{(2)(-1/200)}$$

$$= \frac{-40 \pm \sqrt{1\ 600 - 900}}{-1/100} = \frac{-40 \pm 26{,}4575}{-1/100}$$

On a alors

$$X = \frac{-40 + 26{,}4575}{-1/100} \cong 1\ 354{,}25$$

et

$$X = \frac{-40 - 26{,}4575}{-1/100} \cong 6\ 645{,}75$$

Le graphique de ce modèle quadratique est illustré à la figure 1.6.

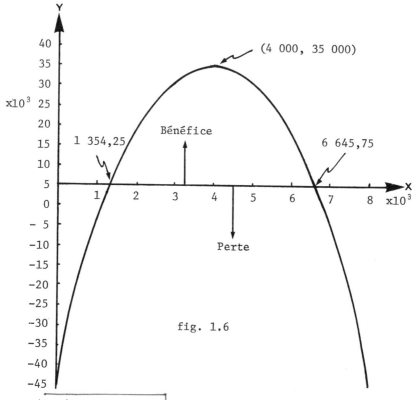

fig. 1.6

1.3.3 MODÈLE POLYNOMIAL

L'expression du modèle polynomial d'ordre n est:

$$Y = f(X) = \beta_0 + \beta_1 X + \beta_2 X^2 + \beta_3 X^3 + \ldots + \beta_n X^n$$

où β_0, β_1, β_2, β_3, ..., β_n sont les paramètres du modèle et n est un entier positif. Les valeurs des paramètres peuvent être positives, négatives ou nulles, et $\beta_n \neq 0$.

Remarques.
1) Le nombre de points requis pour établir l'équation d'un modèle polynomial est n+1, n étant l'ordre du polynôme.

2) Lorsque n = 1, nous sommes en présence d'un modèle linéaire; lorsque n = 2, l'expression devient celle du modèle quadratique; lorsque n = 3, le modèle polynomial est aussi appelé modèle cubique; et ainsi de suite...

3) Les modèles dont l'ordre est supérieur à 1 sont des *modèles non linéaires*.

Cas particulier: $Y = f(X) = \beta_0 + \beta_1 X + \beta_2 X^2 + \beta_3 X^3$

Nous présentons deux types de figures du modèle cubique; d'autres formes peuvent se présenter.

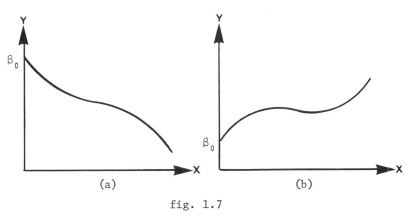

fig. 1.7

1.4 UN PREMIER CAS D'OPTIMISATION: L'ENTREPRISE LES JOUETS

L'entreprise Les Jouets veut mettre sur le marché un nouveau jouet mécanique pour la période de Noël qui approche. La direction de l'entreprise semble indécise quant au prix de vente de ce nouveau jouet pour assurer un bénéfice maximum.

Par le passé, les prix de vente étaient déterminés en fonction des coûts de production et du jugement personnel de certains gestionnaires. Cette façon de procéder s'avérait toutefois plus ou moins efficace.

Pour ce nouveau jouet, l'analyste de l'entreprise envisage de procéder autrement pour établir le prix optimum.

L'analyste de l'entreprise possède actuellement des données relatives à l'estimation de la demande de ce nouveau jouet par les détaillants en fonction du prix de vente, ainsi qu'une estimation des coûts de production.

Tableau 1 - Estimation de la demande en fonction
du prix de vente

Demande (unités)	Prix de vente ($)
7 500	2,50
6 750	3,25
5 900	4,10
5 250	4,75
4 500	5,50
4 050	5,95
3 750	6,25
2 050	7,95
1 000	9,00

Tableau 2 - Estimation des coûts

Aménagement de l'équipement	$5 000
Matières premières et main-d'oeuvre	$2/jouet

En se basant sur cette information, l'analyste veut déterminer le prix de vente qui maximiserait les bénéfices.

Structurons cette information sous forme de modèles mathématiques.

Modèle de la demande en fonction du prix de vente

Utilisons d'abord les données que nous avons sur l'étude de marché. Nous recherchons éventuellement à déterminer s'il existe une relation entre la demande et le prix de vente.

Reportons sur un graphique ces observations; on obtient

alors la figure 1.8.

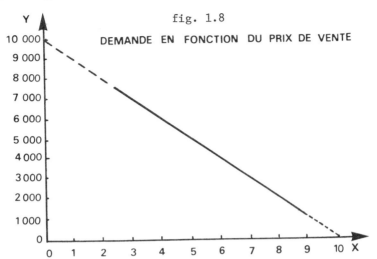

fig. 1.8

DEMANDE EN FONCTION DU PRIX DE VENTE

Ce graphique suggère fortement qu'un modèle linéaire de la forme $Y = \beta_0 + \beta_1 X$ avec $\beta_0 > 0$ et $\beta_1 < 0$, où Y est la variable dépendante (demande) et X la variable indépendante (prix de vente) serait plausible pour représenter ces données. Pour rendre le modèle explicite, on doit déterminer les valeurs des paramètres β_0 et β_1 où β_0 représente l'ordonnée à l'origine et β_1, la pente de la droite.

Puisque tous les points se situent sur une droite (cet exemple a été structuré d'une façon idéale pour réduire la manipulation algébrique), on peut alors utiliser la formule

$$\frac{Y - Y_1}{X - X_1} = \frac{Y_2 - Y_1}{X_2 - X_1}$$

pour déterminer l'équation de la droite.

Utilisant les points (2,5, 7 500) et (9, 1 000), on obtient

$$\frac{Y - 7\ 500}{X - 2,5} = \frac{1\ 000 - 7\ 500}{9 - 2,5} = \frac{-6\ 500}{6,5}$$

$$\frac{Y - 7\ 500}{X - 2,5} = -1\ 000$$

$$Y - 7\ 500 = -1\ 000(X - 2,5)$$

$$= -1\ 000X + 2\ 500$$

$$Y = 7\ 500 + 2\ 500 - 1\ 000X$$

$$Y = 10\ 000 - 1\ 000X$$

Donc le modèle de la demande en fonction du prix de vente est

$$Y = 10\ 000 - 1\ 000X.$$

Nous remarquons qu'à mesure que le prix de vente augmente de \$1., la demande diminue de 1 000 unités.

Modèle des coûts de production

Structurons maintenant sous forme d'un modèle, les coûts de production. Puisque le coût d'aménagement de l'équipement doit être absorbé, quelle que soit la quantité fabriquée, il est donc un coût fixe.

D'autre part, le coût de \$2/jouet est un coût variable puisqu'il dépend directement de la quantité fabriquée.

Le coût total de fabrication est donc fonction d'un coût fixe et d'un coût variable:

Coût total = coût fixe + coût variable

En supposant que la quantité fabriquée correspond à la demande du modèle précédent, on obtient alors le modèle suivant:

$$C = 5\ 000 + 2Y$$

où C représente le coût total et Y, l'estimation de la demande, quantité que l'on doit fabriquer.

La figure 1.9 nous donne la représentation graphique du modèle:

fig. 1.9

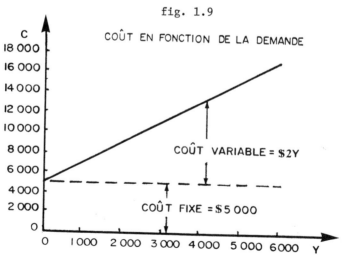

COÛT EN FONCTION DE LA DEMANDE

On peut aussi exprimer le coût total de fabrication en fonction du prix de vente en utilisant le modèle de la demande en fonction du prix de vente. On obtient alors:

$$C = 5\ 000 + 2Y = 5\ 000 + 2(10\ 000 - 1\ 000X)$$
$$= 5\ 000 + 20\ 000 - 2\ 000X$$
$$C = 25\ 000 - 2\ 000X.$$

Modèle du revenu

Le modèle pour le revenu total est simplement $R = \underline{XY}$, le prix unitaire X multiplié par le nombre de jouets Y; R représente le revenu.

On a donc:

$$R = X(10\ 000 - 1\ 000X)$$
$$= 10\ 000X - 1\ 000X^2.$$

Ce modèle est non linéaire puisqu'il contient un terme de deuxième ordre, soit X^2. Cette fonction est représentée à la figure 1.10.

fig. 1.10

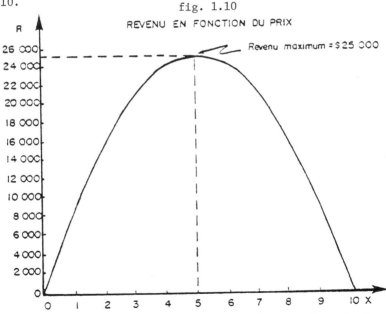

REVENU EN FONCTION DU PRIX

Revenu maximum = $25 000

Le revenu maximum ($25 000) est atteint lorsque le prix de vente du jouet est

$$X = -\frac{\beta_1}{2\beta_2} = -\frac{10\ 000}{-2\ 000} = \$5,$$

et $R = 10\ 000(5) - 1\ 000(25) = \$25\ 000.$

Toutefois, ce n'est pas nécessairement ce prix qui va maximiser les bénéfices.

Modèle du bénéfice

Déterminons la relation qui exprime le bénéfice en fonction du prix de vente. Puisque

$$\text{Bénéfice} = \text{Revenu} - \text{Coût}$$
$$P = R - C, \quad \text{alors}$$
$$P = (10\ 000X - 1\ 000X^2) - (25\ 000 - 2\ 000X)$$
$$= -25\ 000 + 12\ 000X - 1\ 000X^2$$

C'est un modèle quadratique dont la représentation graphique est illustrée à la figure 1.11.

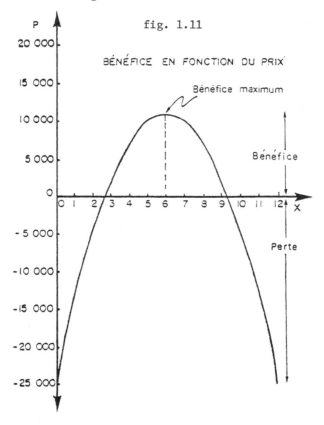

fig. 1.11

BÉNÉFICE EN FONCTION DU PRIX

Le prix de vente qui maximise les bénéfices est, puisque $\beta_0 = -25\ 000$, $\beta_1 = 12\ 000$, $\beta_2 = -1\ 000$,

$$X = -\frac{\beta_1}{2\beta_2} = \frac{12\ 000}{-2\ 000} = \$6.$$

Le bénéfice maximum est

$$P^* = -25\ 000 + 12\ 000(6) - 1\ 000(6)^2 = \$11\ 000.$$

Tableau 3 - Sommaire et stratégie optimale

Prix suggéré	Demande possible	Revenu total	Coût fixe	Coût variable	Coût total	Bénéfice
$	unités	$	$	$	$	$
1	9 000	9 000	5 000	18 000	23 000	-14 000
2	8 000	16 000	5 000	16 000	21 000	- 5 000
3	7 000	21 000	5 000	14 000	19 000	2 000
4	6 000	24 000	5 000	12 000	17 000	7 000
5	5 000	25 000	5 000	10 000	15 000	10 000
6	4 000	24 000	5 000	8 000	13 000	11 000
7	3 000	21 000	5 000	6 000	11 000	10 000
8	2 000	16 000	5 000	4 000	9 000	7 000
9	1 000	9 000	5 000	2 000	7 000	2 000
10	0	0	5 000	0	5 000	- 5 000

Stratégie optimale

Prix de vente suggéré: $6/jouet

Volume éventuel des ventes: .... 4 000 jouets

Revenu: $24 000

Coûts de fabrication

    Coût fixe .... $ 5 000

    Coût variable .... $ 8 000

                                $13 000

Bénéfice $11 000

1.5 MODÈLES DE TYPE EXPONENTIEL

1.5.1 MODELE EXPONENTIEL

Le modèle exponentiel s'écrit:

$$Y = f(X) = \beta_0 e^{\beta_1 X}$$

où $e = 2,71828...$, Y est la variable dépendante, X la variable indépendante, β_0 et β_1 les paramètres du modèle.

Nous nous limiterons à la représentation graphique de cas courants.

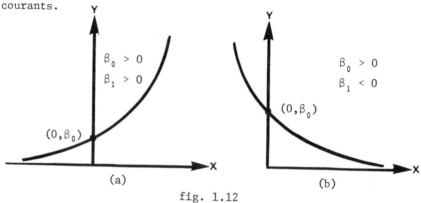

fig. 1.12

En statistique et recherche opérationnelle, nous utilisons parfois le modèle suivant:

$$Y = f(X) = \alpha e^{-\alpha X}, \quad X \geq 0, \quad \alpha > 0$$

et dont la représentation graphique est la suivante:

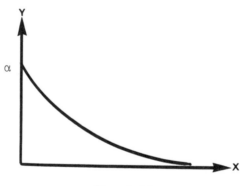

fig. 1.13

1.5.2 |MODÈLE EXPONENTIEL MODIFIÉ|

Un autre modèle du type exponentiel que nous retrouvons entre autres en marketing est le suivant:

$$Y = f(X) = A(1 - e^{-aX}), \quad X \geq 0, \ a \geq 0, \ A > 0$$

et dont le graphe est:

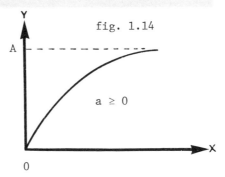

fig. 1.14

$a \geq 0$

où Y représente la demande pour un certain produit et X peut être par exemple, les dépenses en publicité.

Remarques. *1)* Dans le contexte marketing, A représente le niveau de saturation de la demande et "a" représente le taux avec lequel la demande approche le potentiel du marché face aux dépenses publicitaires.

2) Cette forme de modèle exponentiel est aussi utilisé en production et est connu sous le nom de *courbe d'apprentissage* ou *courbe de croissance*. Quelques autres modèles de courbe de croissance sont la courbe logistique et la courbe de Gompertz.

EXEMPLE 1.4 Le nombre d'unités (Y) d'un certain appareil complexe assemblé par jour, X jours après le début de la production est représenté par le modèle suivant:

$$Y = 200(1 - e^{-0,5X}).$$

Le graphe de cette fonction est présenté à la figure 1.15.

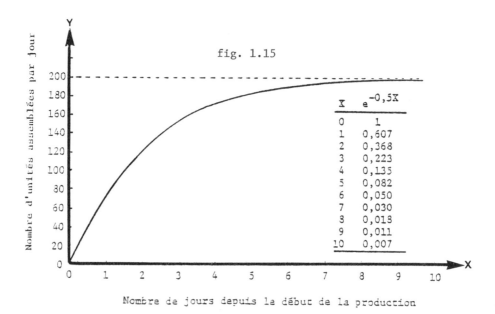

De la figure 1.15, nous remarquons que la capacité de production augmente avec le nombre de jours pour tendre vers le niveau de saturation de 200 unités par jour; d'autre part, nous pouvons mentionner que le taux de production atteint environ 78% (155,4/200) de sa capacité maximale après 3 jours.

1.6 PROBLÈMES

1. Monsieur Jean P. est actionnaire de l'entreprise Electro-Chem. En examinant le rapport annuel des actionnaires, Jean remarque que l'ordinateur de l'entreprise est déprécié d'une façon linéaire; ceci veut dire que la valeur de dépréciation est la même chaque année.

Si la valeur au livre de l'ordinateur était de $500 000 à l'an

2 et de \$200 000 à l'an 5, déterminer

a) l'expression du modèle de dépréciation et tracer son graphe.

b) Que représente dans ce contexte chaque paramètre du modèle?

c) Déterminer à quel moment la valeur au livre sera égale à la valeur de liquidation, soit \$50 000.

2. Déterminer l'expression du modèle linéaire pour chacune des situations suivantes:

a) Les coûts de fabrication sont \$2 000 avant de débuter la production et de \$5 000 lorsque le nombre d'unités fabriquées est de 1 000.

b) Les coûts de fabrication sont \$10 000 pour 500 unités et \$16 000 pour 800 unités.

c) Si 2 000 unités peuvent être vendues au prix unitaire de \$4 et 4 000 unités au prix unitaire de \$3, déterminer l'expression du nombre d'unités vendues en fonction du prix de vente.

d) Une entreprise a actuellement 300 employés et espère augmenter sa main-d'oeuvre de 20 employés par année.

3. Le coût de main-d'oeuvre pour fabriquer une certaine tige métallique est \$50 par 100 tiges. Le coût des matières premières est de \$1 par tige. Toutefois l'entreprise doit subir un coût fixe de \$100 chaque fois qu'une nouvelle production est lancée.

a) Déterminer le modèle du coût total de fabrication en fonction du nombre de tiges fabriquées.

b) Quel est le coût total pour une production de 1 000 tiges?

c) Lorsque la production dépasse 2 000 tiges, la main-d'oeuvre doit travailler en surtemps à un coût 20% supérieur. Quel est le modèle des coûts de fabrication lorsque la production excède 2 000 tiges?

d) Tracer le graphique du coût total de fabrication en fonc-

tion du nombre de tiges pour une production variant entre
0 et 3 000 tiges.

4. Une entreprise a un stock de 1 000 unités d'un type de téléviseur couleur.   Toutefois ce stock est écoulé au taux de 10
unités/jour.

a) Déterminer le modèle représentant le niveau du stock en
fonction du temps.

b) Quel est le niveau du stock après 30 jours?

c) Après combien de jours, le niveau du stock atteindra-t-il
100 unités?

d) Après combien de jours, le stock sera-t-il complètement
épuisé?

5. Une entreprise produit un certain bien dont la fonction de la
demande est représentée par le modèle suivant:

$$Y = \beta_0 - \beta_1 X$$

où $\beta_0 > 0$, $\beta_1 > 0$, Y représente la quantité demandée et X, le
prix de vente unitaire du bien.

a) Déterminer le prix de vente si la quantité demandée est
$\beta_0/6$.

b) Déterminer la quantité demandée si le prix de vente est
$\beta_0/2\beta_1$.

c) Déterminer la quantité demandée si le bien est gratuit.

d) A quel prix la demande du bien serait nulle?

Remarque.   Pour les questions c) et d), on suppose que le
modèle est valide, quel que soit le prix de
vente unitaire.

6. Une entreprise vend son produit $6 l'unité.

a) Quelle est l'expression du modèle du revenu?

b) Donner la représentation graphique du modèle.

c) Quel est le revenu total pour 2 000 unités vendues?

d) L'entreprise doit absorber un coût fixe de $4 500 pour la
fabrication de ce produit et un coût variable unitaire re-

présentant 50% du prix de vente. Déterminer le modèle du coût total.

e) Tracer sur le même graphique les modèles obtenus en a) et en d).

f) Déterminer le seuil de rentabilité et indiquer ce point sur le graphique en e).

7. Le service de la comptabilité d'une entreprise a les données suivantes pour un certain appareil ménager:

Prix de vente: $35/unité

Coûts de production
  fixe   : $25 000
  variable: $10/unité

Frais généraux
  fixe   : $10 000
  variable: $3/unité

Transport
  fixe   : $0
  variable: $2/unité

a) Déterminer le seuil de rentabilité pour cet appareil ménager.

b) Tracer sur le même graphique l'expression du revenu et des coûts en fonction de la quantité. Vérifier graphiquement la réponse obtenue en a).

c) Quelle doit être la quantité fabriquée pour assurer un bénéfice de $15 000?

8. Le volume des ventes d'un bien pour différents prix de vente est indiqué au tableau suivant:

Prix de vente (X)	$10	$15	$20	$25	$30
Volume des ventes (Y)	8 000	7 000	6 000	5 000	4 000

a)   Déterminer, à l'aide de ces données, un modèle qui met-
trait en relation le volume des ventes en fonction du prix
de vente. Tracer le graphe du modèle.

b)   Déterminer le modèle du revenu en fonction du prix de vente. Tracer le graphique correspondant. Pour quel prix de
vente, les revenus sont maximisés?

9.   Le chef du service de location d'une entreprise immobilière
veut déterminer le coût mensuel de location pour les 50 unités
d'un nouvel édifice à bureaux. Il semble qu'à un taux de
$250/mois, toutes les unités seraient occupées. Toutefois un
bureau peut demeurer vacant par tranche d'augmentation de $10
des frais de location. De plus, le chef de service doit tenir compte qu'un bureau loué représente pour l'entreprise immobilière des frais additionnels de service et d'entretien de
$10 par mois par rapport à un bureau vacant.

a)   Déterminer l'expression du modèle qui met en relation le
bénéfice en fonction du nombre d'unités vacantes. Le modèle est-il linéaire?

b)   Tracer le graphique du modèle obtenu en a).

c)   Que représente le paramètre β_0 dans le modèle en a)?

d)   Pour obtenir un bénéfice maximum, combien d'unités se-
raient vraisemblablement vacantes? Quel est le bénéfice
correspondant?

e)   Quel doit être le prix mensuel de location pour obtenir
le bénéfice maximum?

10.   Le modèle de la fonction de la demande (Y) pour un certain ra-
dio transistor en fonction du prix unitaire (X) est:

$$Y = 100 - 4X.$$

Les coûts de fabrication sont représentés par le modèle suivant:

$$C = 10Y - 1/8Y^2 + 300$$

a)   Déterminer le modèle exprimant le bénéfice en fonction de
la quantité vendue.

b) Quelle doit être la quantité optimale de radios pour que le bénéfice soit maximum?

c) Déterminer les seuils de rentabilité.

11. Une entreprise a estimé que son chiffre d'affaires (Y) en fonction du montant (X) dépensé en publicité (milliers de dollars) est représenté par le modèle suivant:

$$Y = 5\ 000 + 1\ 000(1 - e^{-0,5X})$$

a) Tracer le graphique correspondant.

b) Quel est le chiffre d'affaires correspondant à un montant de \$2 000 dépensé en publicité?

c) Quel est le niveau de saturation du chiffre d'affaires?

12. Les coûts (Y) de production (en centaine de dollars) d'une entreprise sont représentés par le modèle suivant:

$$Y = 200 - 100e^{-0,01X}$$

où X est le nombre d'unités fabriquées.

a) Déterminer les coûts fixes de l'entreprise.

b) Tracer le graphique du modèle.

c) Lorsque la production est de 200 unités, quelle proportion des coûts de production est fixe?

13. L'entreprise Terra Tex vient de mettre au point un nouveau véhicule tout terrain. L'entreprise veut déterminer un prix de vente qui maximiserait, dès la première année, les bénéfices. L'analyste qui a effectué l'étude du marché a remis les chiffres suivants à la direction:

Modèle Terra - 100

Prix du véhicule	Potentiel des ventes
$	Unités
1 000	35 000
1 200	32 000
1 500	27 500
2 000	20 000
2 500	12 500

Le département de comptabilité a estimé, conjointement avec le département de génie industriel, les coûts concernant la production de ce nouveau véhicule.

Coûts

Equipement   : $75 000
Frais généraux : $20 000
Main-d'oeuvre : $300/unité
Pièces   : $680/unité
Transport   : $ 20/unité

D'après cette information:

a) Déterminer le modèle correspondant à la demande de ce véhicule en fonction du prix unitaire. Tracer le graphe correspondant.

b) Formuler le modèle du coût total de fabrication de ce véhicule. Tracer le graphique correspondant.

c) Formuler le modèle mathématique correspondant au revenu total.

d) Formuler le modèle mathématique correspondant au bénéfice et déterminer le prix optimal de ce véhicule. Quel est le bénéfice correspondant?

e) Quel sera le volume de ventes anticipées à ce prix?

2

SOMMAIRE

2.1   Choix d'une méthode d'optimisation

2.2   Rappel de quelques concepts du calcul différentiel

2.2.1   Taux moyen de variation

2.2.2   Taux instantané de variation

2.2.3   Définition de la dérivée

2.3   Règles générales de dérivation

2.4   Dérivées d'ordres supérieurs

2.5   Applications de la dérivée en gestion et en économie

2.6   Différentes fonctions de coût total et leur coût
         marginal

2.7   Revenu marginal

2.8   Maximisation du profit: analyse marginale

2.9   L'entreprise Les Jouets et l'analyse marginale

2.10   Optimisation: modèle à une variable indépendante

2.10.1   Valeurs optimales d'une fonction

2.10.2   Extremums

2.11   Détermination des extremums: test de la dérivée première

2.12   Détermination des extremums: test de la dérivée seconde

2.13   L'analyse marginale et le test de la dérivée seconde

2.14   Effet d'une taxe sur l'optimisation du bénéfice

2.15   Changement de concavité d'une fonction: point d'inflexion

2.16   Problèmes

MÉTHODES D'OPTIMISATION: UTILISATION DE LA DÉRIVÉE

CHAPITRE 2

2.1 CHOIX D'UNE MÉTHODE D'OPTIMISATION

L'optimisation joue un rôle important dans les diverses entreprises. On veut optimiser les coûts de production, maximiser les bénéfices, optimiser le rendement d'un procédé chimique, minimiser les coûts de stockage, minimiser les coûts de transport, répartir d'une façon optimale un budget, établir une politique optimale d'entretien de l'équipement,... Les problèmes sont nombreux et souvent complexes.

La recherche de l'optimum consiste généralement à obtenir le meilleur d'une fonction dans des conditions bien définies. Toutefois le gestionnaire est confronté, dans tout problème d'optimisation, à certaines difficultés:

1. Décrire d'une façon descriptive le problème à résoudre: l'énoncé du problème.

2. A partir d'une bonne connaissance du problème, d'en envisager la représentation mathématique, s'il y a lieu: la modélisation.

3. Identifier la méthode convenable pour résoudre le problème: la technique de résolution.

D'autre part, le choix d'une méthode peut amener à définir certaines restrictions ou à spécifier certaines hypothèses sur les éléments du problème. Il est donc important que le problème soit mathématiquement bien formulé puisque la méthode d'optimisation à utiliser dépend directement de la forme mathématique du problème.

Un problème d'optimisation mathématique comporte une fonction dont on veut en obtenir une valeur optimale (maximale ou minimale). Dans la littérature technique, divers noms sont utilisés pour identifier cette fonction: fonction de coût, fonction de profit, fonction économique, indice de performance, rendement,...

Remarque. La méthode d'optimisation à adopter peut dépendre de plusieurs facteurs:

a) La fonction à optimiser est linéaire ou non linéaire.

b) Il existe ou non des contraintes.

c) Les paramètres du modèle mathématique changent ou ne changent pas avec le temps.

Nous indiquerons au fur et à mesure les méthodes appropriées sans toutefois toutes les discuter.

Dans ce chapitre nous ne traiterons que de l'utilisation de la dérivée (théorie ordinaire des maximums et minimums) pour optimiser une fonction (non-linéaire)

$$Y = f(X)$$

soumise à aucune contrainte, si ce n'est parfois de la restriction de non-négativité sur les valeurs de X.

2.2 RAPPEL DE QUELQUES CONCEPTS DU CALCUL DIFFÉRENTIEL

Sans vouloir reprendre tous les concepts de base du calcul différentiel, nous allons quand même traiter de certains points importants. Le calcul différentiel s'occupe de l'étude des *variations* de grandeurs que lie une relation fonctionnelle.

2.2.1 TAUX MOYEN DE VARIATION

Un problème important qui a soulevé tant d'intérêt pour ce type de mathématiques est celui de la détermination du taux instantané de variation d'une fonction; définissons d'abord le taux moyen de variation.

Définition: Le *taux moyen de variation* de Y par rapport à X, dans l'intervalle (X,X + ΔX) est le rapport ΔY/ΔX,

$$\frac{\Delta Y}{\Delta X} = \frac{f(X + \Delta X) - f(X)}{\Delta X}$$

ΔX représente l'accroissement de la variable indépendante et ΔY, l'accroissement correspondant de la variable dépendante. Le taux moyen de variation est donc le quotient de deux accroissements finis qu'on appelle aussi *quotient des différences*. On utilise aussi parfois le vocable, *vitesse moyenne de variation*.

EXEMPLE 2.1 Soit le modèle

$$Y = f(X) = \beta_0 + \beta_1 X$$

Si la variable indépendante X subit un accroissement ΔX, alors la valeur de Y subira un accroissement correspondant ΔY,

$$Y + \Delta Y = f(X + \Delta X) = \beta_0 + \beta_1 (X + \Delta X)$$

L'accroissement ΔY est obtenu en soustrayant les deux équations:

$$Y + \Delta Y - Y = \beta_0 + \beta_1 (X + \Delta X) - (\beta_0 + \beta_1 X)$$
$$\Delta Y = f(X + \Delta X) - f(X) = \beta_1 \Delta X$$

Divisant la variation de Y par celle de X, on obtient le taux moyen de variation

$$\frac{\Delta Y}{\Delta X} = \frac{\beta_1 \Delta X}{\Delta X} = \beta_1$$

Remarque.   Dans le cas d'un modèle linéaire, le taux moyen de variation de Y par rapport à X est constant, quel que
soit l'accroissement ΔX; il représente la pente de la
droite.

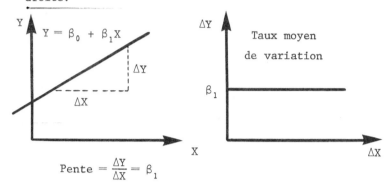

$$\text{Pente} = \frac{\Delta Y}{\Delta X} = \beta_1$$

fig. 2.1

EXEMPLE 2.2   Soit le modèle suivant exprimant la relation entre le
coût total (Y) et la quantité fabriquée (X):

$$Y = f(X) = 50 + 2X + X^2$$

L'allure du graphe de cette fonction est représentée à la
figure 2.2.

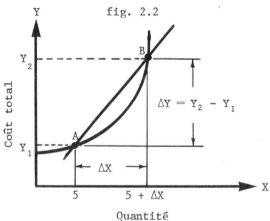

fig. 2.2

On veut déterminer le taux moyen de variation du coût total
par rapport à un accroissement ΔX de la quantité, dans l'intervalle $(5, 5 + \Delta X)$.

On a que

$$Y_1 = f(X = 5) = 50 + 2(5) + (5)^2 = 50 + 10 + 25 = 85$$
$$Y_2 = f(X = 5 + \Delta X) = 50 + 2(5 + \Delta X) + (5 + \Delta X)^2$$
$$= 85 + 12\Delta X + (\Delta X)^2$$

Alors

$$\Delta Y = Y_2 - Y_1 = 85 + 12\Delta X + (\Delta X)^2 - 85 = 12\Delta X + (\Delta X)^2$$

Le taux moyen de variation est donc

$$\frac{\Delta Y}{\Delta X} = \frac{12\Delta X + (\Delta X)^2}{\Delta X} = 12 + \Delta X, \quad \Delta X \neq 0$$

Nous constatons cette fois que le taux moyen de variation est variable et dépend de ΔX (augmentation ou diminution):

ΔX	$\Delta Y/\Delta X$	ΔX	$\Delta Y/\Delta X$
1	12+1 = 13	0,5	12+0,5 = 12,5
2	12+2 = 14	0,3	12+0,3 = 12,3
3	12+3 = 15	0,2	12+0,2 = 12,2

Remarques.
1) Le quotient $\Delta Y/\Delta X$ peut être positif, négatif ou nul.
2) Si $\Delta Y/\Delta X = 0$ et X croît, alors la valeur de Y demeure inchangée.
Si $\Delta Y/\Delta X < 0$ et X croît, alors la valeur de Y décroît.
Si $\Delta Y/\Delta X > 0$ et X croît, alors la valeur de Y croît également.
3) La droite passant par les points A et B (sur les figures 2.2 ou 2.3) s'appelle la *sécante* et dont la pente est

$$m_{sec} = \frac{\Delta Y}{\Delta X} = \frac{Y_2 - Y_1}{\Delta X}$$
$$= 12 + \Delta X$$

La pente de la sécante varie donc avec le choix de ΔX.

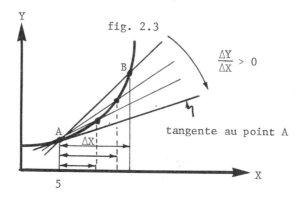

fig. 2.3

$\dfrac{\Delta Y}{\Delta X} > 0$

tangente au point A

4)   De la figure 2.3, nous remarquons qu'à mesure que
ΔX diminue la sécante s'approche de plus en plus
de la tangente au point A.

Dans le cas d'un modèle non-linéaire, notre intérêt est plutôt de déterminer le taux de variation en un point spécifique de
la courbe, ce qui nous amène à définir le taux instantané de variation.

2.2.2 TAUX INSTANTANÉ DE VARIATION

Pour définir le taux instantané de variation, nous devons
faire appel à un autre concept du calcul différentiel soit celui
de la *valeur limite d'une fonction*.   Présentons ce concept d'une
façon intuitive.

Utilisons à nouveau l'exemple précédent où le taux moyen de
variation dans l'intervalle (5, 5 + ΔX) est

$$\frac{\Delta Y}{\Delta X} = 12 + \Delta X.$$

Donnons des valeurs de plus en plus petites à ΔX:

ΔX	2	1	0,5	0,1	0,01	0,001	---	0,000001	---
$\Delta Y/\Delta X$	14	13	12,5	12,1	12,01	12,001	---	12,000001	---

Nous remarquons qu'à mesure que ΔX diminue, c'est-à-dire approche la valeur 0, le taux moyen de variation $\Delta Y/\Delta X$ (pente de la

sécante) s'approche de plus en plus de 12. Comme $\Delta Y/\Delta X$ est la pente de la sécante, alors à mesure que $\Delta X \rightarrow 0$ (tend vers 0), cette pente approche une valeur limite qui est la pente de la tangente à la courbe $Y = 50 + 2X + X^2$ au point $(5,85)$ (voir figure 2.3) c-à-d.

$$\lim_{\Delta X \to 0} m_{sec} = \lim_{\Delta X \to 0} \frac{\Delta Y}{\Delta X} = \lim_{\Delta X \to 0} \frac{f(X + \Delta X) - f(X)}{\Delta X}$$

$$= \lim_{\Delta X \to 0} 12 + \Delta X = 12$$

Définition: <u>Le taux instantané de variation de Y par rapport à X est la valeur limite du quotient $\Delta Y/\Delta X$ lorsque $\Delta X \rightarrow 0$:</u>

$$\lim_{\Delta X \to 0} \frac{f(X + \Delta X) - f(X)}{\Delta X} = \lim_{\Delta X \to 0} \frac{\Delta Y}{\Delta X}$$

en autant que cette limite existe.

Remarque. Nous ne voulons pas reprendre ici toute la notion de limite qui est habituellement étudiée dans les cours de mathématiques collégiales. Mentionnons toutefois que la limite d'une fonction est habituellement dénotée par

$$\lim_{X \to X_0} f(X) = L \; ;$$

ce qui veut dire que la fonction $f(X)$ tend vers la limite L lorsque X tend vers X_0.

EXEMPLE 2.3 Soit la fonction $Y = f(X) = -2 + 3X + X^2$. Déterminer

a) le taux moyen de variation de Y par rapport à X si $X = 3$ et $\Delta X = 2$.

b) le taux instantané de variation de Y par rapport à X, lorsque $X = 3$.

SOLUTIONS

a) $\dfrac{\Delta Y}{\Delta X} = \dfrac{f(X + \Delta X) - f(X)}{\Delta X}$

Pour $X = 3$, on a $f(X = 3) = -2 + (3)(3) + (3)^2 = -2 + 9 + 9 = 16$

$f(X + \Delta X) = f(3 + 2) = f(5) = -2 + (3)(5) + (5)^2 = -2+15+25 = 38$

Alors $\dfrac{\Delta Y}{\Delta X} = \dfrac{f(X + \Delta X) - f(X)}{\Delta X} = \dfrac{38 - 16}{2} = \dfrac{22}{2} = 11$

b) $f(X = 3) = 16$,

$$f(X + \Delta X) = f(3 + \Delta X) = -2 + 3(3 + \Delta X) + (3 + \Delta X)^2$$
$$= -2 + 9 + 3\Delta X + 9 + 6\Delta X + (\Delta X)^2$$
$$= 16 + 9\Delta X + (\Delta X)^2$$

$$\dfrac{\Delta Y}{\Delta X} = \dfrac{f(X + \Delta X) - f(X)}{\Delta X} = \dfrac{16 + 9\Delta X + (\Delta X)^2 - 16}{\Delta X}$$
$$= \dfrac{9\Delta X + (\Delta X)^2}{\Delta X}$$
$$= 9 + \Delta X$$

$$\lim_{\Delta X \to 0} \dfrac{\Delta Y}{\Delta X} = \lim_{\Delta X \to 0} (9 + \Delta X) = 9$$

Remarque.   Ce processus de calcul de la limite du quotient des accroissements est appelé *différentiation*; il nous servira de base pour définir la dérivée première d'une fonction.

2.2.3 DÉFINITION DE LA DÉRIVÉE

La dérivée d'une fonction $Y = f(X)$ en tout point X est définie comme étant la limite du rapport

$$\dfrac{f(X + \Delta X) - f(X)}{\Delta X} \quad \text{quand } \Delta X \text{ tend vers } 0$$

La dérivée de Y par rapport à X, que nous notons $\dfrac{dY}{dX}$, est le taux instantané de variation,

$$\dfrac{dY}{dX} = \lim_{\Delta X \to 0} \dfrac{\Delta Y}{\Delta X} = \lim_{\Delta X \to 0} \dfrac{f(X + \Delta X) - f(X)}{\Delta X}$$

en autant que cette limite existe.

Remarques. 1) En plus de $\dfrac{dY}{dX}$, différentes notations sont utilisées pour représenter la dérivée première de la fonction $Y = f(X)$; les plus usuelles sont:

$$f'(X), \ Y', \ \frac{d}{dX}(Y), \ DY, \ \frac{d \ f(X)}{dX}, \ D \ f(X)$$

2) *La dérivée première* $\frac{dY}{dX}$ représente la pente de la tangente à la courbe $Y = f(X)$ en tout point (X,Y).

3) Si la tangente est horizontale (pente nulle), $\frac{dY}{dX} = 0$.

Si la tangente a une pente positive, $\frac{dY}{dX} > 0$.

Si la tangente a une pente négative, $\frac{dY}{dX} < 0$.

4) Habituellement, on dénote la dérivée de Y par rapport à X au point $X = X_0$ de la façon suivante:

$$f'(X_0) = \lim_{\Delta X \to 0} \frac{f(X_0 + \Delta X) - f(X_0)}{\Delta X}$$

si cette limite existe.

EXEMPLE 2.4 Soit le modèle quadratique $Y = f(X) = \beta_0 + \beta_1 X + \beta_2 X^2$ de la section 1.3.2.

a) Déterminer la dérivée première de cette fonction.

b) Pour quelle valeur de X, la pente de la tangente est-elle nulle?

SOLUTIONS

a) Utilisant le processus de différentiation, on obtient

$$f(X + \Delta X) = \beta_0 + \beta_1(X + \Delta X) + \beta_2(X + \Delta X)^2$$

$$= \beta_0 + \beta_1(X + \Delta X) + \beta_2(X^2 + 2X\Delta X + (\Delta X)^2)$$

$$\Delta Y = f(X + \Delta X) - f(X) = \beta_1 \Delta X + 2X\beta_2 \Delta X + \beta_2(\Delta X)^2$$

$$\frac{\Delta Y}{\Delta X} = \frac{\beta_1 \Delta X + 2X\beta_2 \Delta X + \beta_2(\Delta X)^2}{\Delta X}$$

$$= \beta_1 + 2X\beta_2 + \beta_2 \Delta X$$

Alors

$$\frac{dY}{dX} = \lim_{\Delta X \to 0} \frac{\Delta Y}{\Delta X} = \lim_{\Delta X \to 0} (\beta_1 + 2X\beta_2 + \beta_2 \Delta X)$$

$$= \beta_1 + 2\beta_2 X$$

b) Puisque $\frac{dY}{dX}$ = pente de la tangente au point X, on a alors

$$\frac{dY}{dX} = 0, \quad \beta_1 + 2\beta_2 X = 0$$

d'où

$$X = -\frac{\beta_1}{2\beta_2}$$

qui est la coordonnée du point X pour le sommet de la parabole que nous avons mentionné à la page 10.

2.3 RÈGLES GÉNÉRALES DE DÉRIVATION

Différentes règles de dérivation ont été élaborées pour évi-
ter d'appliquer continuellement le processus de différentiation.
Nous donnons, sans démonstration, les principales règles suscepti-
bles d'être utilisées dans différents problèmes de gestion (voir
tableau 1).

Au tableau 2, nous présentons certaines fonctions particu-
lières et leur dérivée.

EXEMPLE 2.5 Déterminer la dérivée première $\frac{dY}{dX}$ pour les fonctions
suivantes en appliquant les différentes règles de dérivation

a) $Y = 4$, $\frac{dY}{dX} = 0$

b) $Y = X^3$, $\frac{dY}{dX} = 3X^2$

c) $Y = 4X$, $\frac{dY}{dX} = 4$

d) $Y = 3X^2 + 2X + 1$, $\frac{dY}{dX} = 6X + 2$

e) $Y = (X + 4)(X - 2)$, $\frac{dY}{dX} = (X + 4)(1) + (X - 2)(1) = 2X + 2$

f) $Y = \frac{3X + 1}{X}$, $\frac{dY}{dX} = \frac{X(3) - (3X + 1)(1)}{X^2} = \frac{-1}{X^2}$

g) $Y = \ell n\ 3X$, $\frac{dY}{dX} = \frac{3}{3X} = \frac{1}{X}$

h) $Y = e^{3X^2}$, $\frac{dY}{dX} = e^{3X^2} \cdot 6X = 6X\ e^{3X^2}$

i) $Y = 5^X$, $\frac{dY}{dX} = 5^X \ell n\ 5$

j) $Y = \sin 3X$, $\dfrac{dY}{dX} = 3\cos 3X$

k) $Y = \cos(2X + 1)$, $\dfrac{dY}{dX} = -2\sin(2X + 1)$

Tableau 1

Fonctions	Dérivée
1. $Y = f(X) = k$ (constante)	$\dfrac{dY}{dX} = 0$
2. $Y = kX$	$\dfrac{dY}{dX} = k$
3. $Y = kX^n$	$\dfrac{dY}{dX} = nkX^{n-1}$
4. $Y = kf(X)$	$\dfrac{dY}{dX} = kf'(X)$
5. $Y = u \pm v$ où $u = f(X)$ et $v = g(X)$	$\dfrac{dY}{dX} = \dfrac{du}{dX} \pm \dfrac{dv}{dX}$ $= f'(X) \pm g'(X)$
6. $Y = uv$ où $u = f(X)$ et $v = g(X)$	$\dfrac{dY}{dX} = u\dfrac{dv}{dX} + v\dfrac{du}{dX}$
7. $Y = \dfrac{u}{v}$ où $u = f(X)$ et $v = g(X)$	$\dfrac{dY}{dX} = \dfrac{v\dfrac{du}{dX} - u\dfrac{dv}{dX}}{v^2}$
8. $Y = u^n$ où $u = f(X)$	$\dfrac{dY}{dX} = nu^{n-1}\dfrac{du}{dX}$
9. $Y = f(u)$, $u = g(X)$	$\dfrac{dY}{dX} = \dfrac{dY}{du} \cdot \dfrac{du}{dX}$

Tableau 2

Fonctions	Dérivée

1. $Y = e^X$ $\qquad\qquad\qquad$ $\dfrac{dY}{dX} = e^X$

2. $Y = e^{aX}$ $\qquad\qquad\qquad$ $\dfrac{dY}{dX} = ae^{aX}$

3. $Y = e^u, \quad u = f(X)$ $\qquad\qquad$ $\dfrac{dY}{dX} = e^u\,\dfrac{du}{dX}$

4. $Y = \ell nX \quad \text{(base e)}$ $\qquad\qquad$ $\dfrac{dY}{dX} = \dfrac{1}{X}$

5. $Y = \ell nu, \quad u = f(X)$ $\qquad\qquad$ $\dfrac{dY}{dX} = \dfrac{1}{u}\,\dfrac{du}{dX}$

6. $Y = sinX$ $\qquad\qquad\qquad$ $\dfrac{dY}{dX} = cosX$

7. $Y = sin\ u, \quad u = f(X)$ $\qquad\qquad$ $\dfrac{dY}{dX} = cos\ u \cdot \dfrac{du}{dX}$

8. $Y = cosX$ $\qquad\qquad\qquad$ $\dfrac{dY}{dX} = -sinX$

9. $Y = cos\ u, \quad u = f(X)$ $\qquad\qquad$ $\dfrac{dY}{dX} = -sin\ u \cdot \dfrac{du}{dX}$

10. $Y = a^X$ $\qquad\qquad\qquad$ $\dfrac{dY}{dX} = a^X\,\ell n\ a$

11. $Y = \log_{10}X$ $\qquad\qquad\qquad$ $\dfrac{dY}{dX} = \dfrac{1}{X}\,\log_{10}e$

$$= \dfrac{0{,}43429}{X}$$

Remarque. $\ell n\ e = 1, \quad \log_{10}e = 0{,}43429$

2.4 DÉRIVÉES D'ORDRES SUPÉRIEURS

Soit $Y = f(X)$, une fonction différentiable. On obtient la dérivée d'ordre n en dérivant successivement (n fois) la fonction.

La dérivée de la dérivée première est la *dérivée seconde;* de même, la dérivée de la dérivée seconde s'appelle la *dérivée troisième* de la fonction. On utilise habituellement la notation suivante pour identifier les dérivées successives:

$$\text{Dérivée première :} \quad \frac{dY}{dX}$$

$$\text{Dérivée seconde} \quad : \quad \frac{d^2Y}{dX^2}$$

$$\text{Dérivée troisième:} \quad \frac{d^3Y}{dX^3}$$

$$\cdot \qquad \cdot$$
$$\cdot \qquad \cdot$$
$$\cdot \qquad \cdot$$

$$\text{Dérivée n ième} \quad : \quad \frac{d^nY}{dX^n}$$

EXEMPLE 2.6   Soit la fonction $Y = f(X) = +2 - 2X^2 + X^3$. On veut trouver les dérivées successives.

$$\frac{dY}{dX} = -4X + 3X^2,$$

$$\frac{d^2Y}{dX^2} = \frac{d}{dX}(-4X + 3X^2) = -4 + 6X$$

$$\frac{d^3Y}{dX^3} = \frac{d}{dX}(-4 + 6X) = 6$$

Toutes les dérivées d'ordres supérieurs à 3 sont nulles.

2.5 APPLICATIONS DE LA DÉRIVÉE EN GESTION ET EN ÉCONOMIE

En gestion et en économie, on utilise fréquemment le concept <<*marginal*>>. Nous avons déjà traité en programmation linéaire[1] de la *valeur marginale* d'une unité additionnelle d'une ressource (par exemple, une heure additionnelle à un atelier).

D'une façon similaire, nous allons maintenant déterminer l'effet marginal sur une fonction résultant d'un accroissement unitaire de la variable indépendante.

Remarque.   En économie, on utilise souvent *variable causale* pour identifier la variable indépendante.

Coût total, coût moyen et coût marginal.

Soit la fonction du coût total $C = f(X)$, alors le coût moyen ou coût par unité est

$$\overline{C} = \frac{C}{X} = \frac{f(X)}{X}$$

D'autre part, le coût marginal représente la variation du coût total lorsqu'une unité additionnelle d'un bien est fabriquée, ce qui équivaut au quotient d'accroissement

$$\frac{\Delta C}{\Delta X} = \frac{f(X + 1) - f(X)}{1} \quad \text{où } \Delta X = 1.$$

EXEMPLE 2.7   Supposons que la fonction du coût total pour produire X unités d'un certain bien est

$$C = f(X) = 100 + \frac{1}{5} X^2$$

Déterminons le coût total de fabrication de 10 unités. On obtient pour $X = 10$,

$$C = f(10) = 100 + \frac{(10)^2}{5} = 100 + 20 = \$120.$$

D'autre part, le coût total pour fabriquer 11 unités est

$$C = f(11) = 100 + \frac{(11)^2}{5} = 100 + 24,20 = \$124,20.$$

On peut donc en déduire que la variation du coût total attribuable à la fabrication de la 11e unité est

---

[1] Voir G. Baillargeon, *Introduction à la programmation linéaire*, Trois-Rivières, les Editions SMG, 1977, chapitres 4 et 5.

$$\frac{\Delta C}{\Delta X} = \frac{f(X + 1) - f(X)}{1} = \frac{f(11) - f(10)}{1} = 124,20 - 120 = \$4,20.$$

Alors le coût marginal pour fabriquer la 11e unité est $4,20.

Ce processus de calcul du coût marginal devient rapidement laborieux. D'autre part, lorsqu'on opère sur de faibles variations, le quotient des accroissements $\frac{\Delta C}{\Delta X}$ est approximativement égal à $\frac{dC}{dX}$, la dérivée première de la fonction du coût total.

En supposant que la variable indépendante X varie d'une façon continue, on obtient alors l'expression suivante pour le coût marginal:

$$\lim_{\Delta X \to 0} \frac{\Delta C}{\Delta X} = \frac{dC}{dX} = C'$$

Remarque. Bien que la variable X prend des valeurs discrètes dans l'exemple que nous venons de traiter, les économistes utilisent plutôt des fonctions continues au lieu de fonctions discontinues pour exprimer les relations entre le prix, la quantité, les coûts, le revenu. Le calcul différentiel devient alors très utile pour l'application du concept <<*marginal*>>.

En définitive, on peut dire que le coût marginal indique de combien le coût total augmente (diminue) lorsque la quantité (prévue) du produit augmente (diminue) d'une unité.

EXEMPLE 2.8 On veut déterminer le coût marginal à X = 11 lorsque l'expression du coût total est

$$C = f(X) = 100 + \frac{1}{5} X^2$$

SOLUTION

Mentionnons que cette fonction est celle de l'exemple précédent. Le coût marginal en tout point de la fonction est

$$C' = \frac{dC}{dX} = \frac{d}{dX}(100 + \frac{1}{5} X^2) = \frac{2X}{5}$$

Evalué à X = 11, on obtient

$$C' = f'(11) = \frac{(2)(11)}{5} = \$4,40$$

Le coût marginal de la 11e unité est $4,40.

Remarque.   Dans l'exemple 2.7, on a obtenu un coût marginal de
$4,20 qui dans ce cas représentait la pente de la sé-
cante reliant les points (10, 120) et (11, 124,20).
En utilisant dC/dX, on obtient la pente de la tangente
au point (11, 124,20), qui est 4,40.

2.6   DIFFÉRENTES FONCTIONS DE COÛT TOTAL ET LEUR COÛT MARGINAL

Dans une entreprise, la fonction coût peut s'exprimer de
différentes manières.   Nous donnons ici quelques modèles représentant les fonctions du coût total, du coût moyen et du coût marginal.

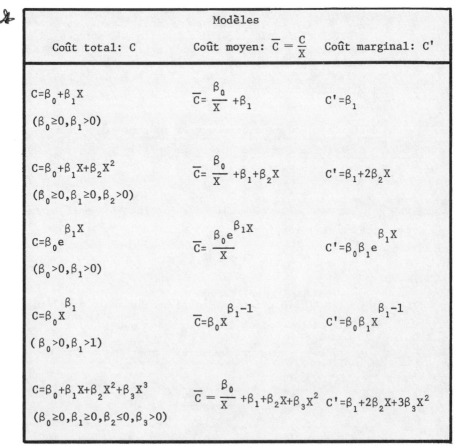

Modèles		
Coût total: C	Coût moyen: $\overline{C} = \dfrac{C}{X}$	Coût marginal: C'
$C = \beta_0 + \beta_1 X$ $(\beta_0 \geq 0, \beta_1 > 0)$	$\overline{C} = \dfrac{\beta_0}{X} + \beta_1$	$C' = \beta_1$
$C = \beta_0 + \beta_1 X + \beta_2 X^2$ $(\beta_0 \geq 0, \beta_1 \geq 0, \beta_2 > 0)$	$\overline{C} = \dfrac{\beta_0}{X} + \beta_1 + \beta_2 X$	$C' = \beta_1 + 2\beta_2 X$
$C = \beta_0 e^{\beta_1 X}$ $(\beta_0 > 0, \beta_1 > 0)$	$\overline{C} = \dfrac{\beta_0 e^{\beta_1 X}}{X}$	$C' = \beta_0 \beta_1 e^{\beta_1 X}$
$C = \beta_0 X^{\beta_1}$ $(\beta_0 > 0, \beta_1 > 1)$	$\overline{C} = \beta_0 X^{\beta_1 - 1}$	$C' = \beta_0 \beta_1 X^{\beta_1 - 1}$
$C = \beta_0 + \beta_1 X + \beta_2 X^2 + \beta_3 X^3$ $(\beta_0 \geq 0, \beta_1 \geq 0, \beta_2 \leq 0, \beta_3 > 0)$	$\overline{C} = \dfrac{\beta_0}{X} + \beta_1 + \beta_2 X + \beta_3 X^2$	$C' = \beta_1 + 2\beta_2 X + 3\beta_3 X^2$

2.7 REVENU MARGINAL

Soit la fonction du revenu (recette, chiffre d'affaires)

$$R = f(X).$$

On peut définir le revenu marginal de la même façon que nous avons défini le coût marginal.

Le revenu marginal représente la variation du revenu total lorsqu'une unité additionnelle d'un bien est vendue; exprimant ceci sous forme d'un quotient d'accroissement, on obtient

$$\frac{\Delta R}{\Delta X} = \frac{f(X + 1) - f(X)}{1} \quad \text{où } \Delta X = 1.$$

En supposant que les fonctions de demande et du revenu sont des fonctions continues, on peut alors définir le *revenu marginal* comme suit:

$$\lim_{\Delta X \to 0} \frac{\Delta R}{\Delta X} = \frac{dR}{dX} = R'.$$

EXEMPLE 2.9 Pour un certain bien, la fonction de la demande est $p = 48 - 4X$ où p est le prix unitaire et X, la quantité.
a) Déterminer les expressions du revenu total et du revenu marginal.
b) Evaluer le revenu marginal à $X = 3$; à $X = 4$.
SOLUTION
a) L'expression du revenu total est

$$R = f(X) = p \cdot X = (48 - 4X)(X)$$
$$= 48X - 4X^2.$$

L'expression du revenu marginal est

$$R' = \frac{dR}{dX} = \frac{d}{dX}(48X - 4X^2) = 48 - 8X$$

b) Le revenu marginal à $X = 3$ est

$$R' = f'(3) = 48 - (8)(3) = 48 - 24 = \$24$$

Le revenu marginal à $X = 4$ est

$$R' = f'(4) = 48 - (8)(4) = 48 - 32 = \$16$$

Ainsi le revenu marginal de la 3e unité est de \$24 tandis que celui de la 4e unité est de \$16. Le revenu marginal diminue de \$8 par unité additionnelle.

2.8 MAXIMISATION DU PROFIT : ANALYSE MARGINALE

En appliquant le concept <<*marginal*>>, on peut déterminer pour quelle valeur X_0 le profit (ou bénéfice d'exploitation) atteint son maximum, connaissant les fonctions du coût total et de revenu.

Soient R et C les fonctions de revenu et de coût; le profit est alors égal à

$$P = R - C.$$

Le principe de l'analyse marginale est le suivant: le profit est maximisé lorsque le revenu marginal et le coût marginal sont égaux:

$$\frac{dR}{dX} = \frac{dC}{dX} ,$$ lorsque R et C sont exprimées en fonction de X.

$$R' = C'$$

c.-à-d. $\frac{dP}{dX} = \frac{dR}{dX} - \frac{dC}{dX} = 0,$ le profit marginal est nul.

Si $P = f(X)$ est une fonction différentiable, alors pour que $P = f(X)$ atteigne son maximum à X_0, il faut que P augmente immédiatement à la gauche de $X_0 (\frac{dP}{dX} > 0)$ et diminue immédiatement à la droite de $X_0 (\frac{dP}{dX} < 0)$ comme nous l'indiquons sur la figure 2.4

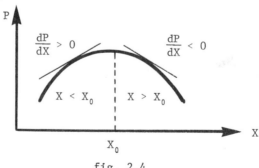

fig. 2.4

2.9 L'ENTREPRISE LES JOUETS ET L'ANALYSE MARGINALE

On peut utiliser l'analyse marginale pour déterminer la quantité de jouets à fabriquer qui maximiserait le bénéfice d'exploitation de l'entreprise.

Pour être conforme à ce que nous venons d'expliquer dans les sections précédentes, nous allons utiliser la notation suivante:

X représente la quantité à fabriquer,

p le prix unitaire.

D'après les données de la section 1.4 page 13, la fonction de demande (X) en fonction du prix unitaire est

$$X = 10\ 000 - 1\ 000p.$$

Exprimant p en fonction de X, on obtient

$$p = 10 - \frac{1}{1\ 000} X.$$

La fonction du revenu est donc

$$R = p \cdot X = (10 - \frac{1}{1\ 000} X)X = 10X - \frac{X^2}{1\ 000}$$

L'expression du coût total est

$$C = 5\ 000 + 2X$$

Exprimant le profit en fonction de la quantité X, on obtient

$$P = R - C = 10X - \frac{X^2}{1\ 000} - 5\ 000 - 2X$$

$$= -5\ 000 + 8X - \frac{X^2}{1\ 000}$$

Déterminons les expressions du coût marginal et du revenu marginal.

On obtient,

$$C' = \frac{dC}{dX} = \frac{d}{dX} (5\ 000 + 2X) = 2$$

et

$$R' = \frac{dR}{dX} = \frac{d}{dX}(10X - \frac{X^2}{1\ 000}) = 10 - \frac{X}{500}$$

Egalant les deux expressions, ceci donne

$$R' = C'$$

$$10 - \frac{X}{500} = 2$$

$$X = 5\,000 - 1\,000 = 4\,000 \text{ jouets}$$

qui est la quantité qui assure un profit maximum.

Nous avons tracé sur la même figure (fig. 2.5), les courbes de coût marginal, de revenu marginal et du prix unitaire en fonction de la quantité X.

fig. 2.5

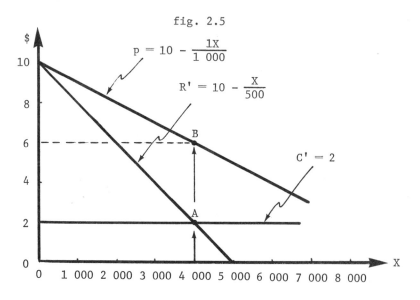

Le point de rencontre (A) des courbes du coût marginal, et du revenu marginal donne la quantité (4 000) qui maximise le profit.

De même, sur la courbe de demande on obtient la combinaison de prix ($6) et de quantité (4 000) qui satisfait à la condition revenu marginal = coût marginal.

Remarque. L'analyse marginale peut aussi s'effectuer en exprimant les relations en fonction du prix unitaire p. La condition pour maximiser le profit s'écrit alors

$$\frac{dR}{dp} = \frac{dC}{dp}$$

ce qui nous permet d'obtenir le prix de vente optimum p_0.

2.10 OPTIMISATION: MODÈLE À UNE VARIABLE INDÉPENDANTE

Nous voulons maintenant développer une méthode d'optimisation efficace basée sur les notions de calcul différentiel. Cette méthode permettra d'obtenir la valeur optimale d'une fonction.

Notre intérêt se porte alors sur le problème suivant:

Optimiser la fonction $Y = f(X)$

c.-à-d. maximiser ou minimiser $Y = f(X)$ par rapport à X.

Il s'agit alors de rechercher la (ou les) valeur(s) de la variable indépendante X qui rend(ent) maximale ou minimale la valeur de Y.

Puisque nous ne traiterons dans ce chapitre que de problèmes non contraints, on n'utilisera que les méthodes de la dérivée première et de la dérivée seconde.

2.10.1 VALEURS OPTIMALES D'UNE FONCTION

Dans une fonction à optimiser, il peut exister plusieurs maximums ou minimums qu'on peut appeler *valeurs optimales* d'une fonction. Nous devons toutefois distinguer entre maximum (minimum) local ou relatif et maximum (minimum) absolu ou global. Par convention, on utilisera aussi le mot *extremum* pour identifier un maximum ou un minimum.

2.10.2 EXTREMUMS

Une fonction $Y = f(X)$ admet un maximum local à $X = X_0$ si $f(X_0) > f(X)$ pour toutes les valeurs de X dans le voisinage immédiat de X_0. De même, $Y = f(X)$ admet un minimum local à $X = X_0$ si $f(X_0) < f(X)$ pour toutes les valeurs de X dans le voisinage immédiat de X_0.

Examinons la figure 2.6, illustrant une fonction $Y = f(X)$ définie dans l'intervalle $a \le X \le d$.

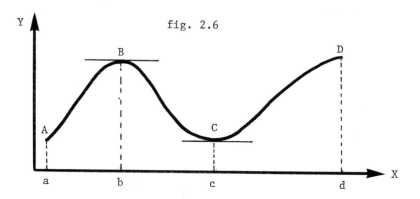

fig. 2.6

Nous avons un maximum local à X = b; un minimum local à X = c. Au point X = a, f(a) < f(X) pour toutes les valeurs de X dans l'intervalle a ≤ X ≤ d; on dit alors que f(X = a) est un minimum absolu. De même f(X = d) est un maximum absolu.

Remarque.   Dans le cas d'un maximum (minimum) absolu dans un intervalle spécifique, on utilise aussi parfois les termes *valeur extrême à la limite* si ces extremums se situent aux limites de l'intervalle.

2.11 DÉTERMINATION DES EXTREMUMS: TEST DE LA DÉRIVÉE PREMIÈRE

Nous savons déjà que si la pente de la tangente est nulle, alors la dérivée première $\frac{dY}{dX} = 0$. Cette situation se présente aux points B et C de la figure 2.6 puisque la tangente en ces points est horizontale.

Dans le voisinage du point B (fig. 2.6), la pente de la tangente est positive immédiatement à gauche de X = b et négative immédiatement à droite de X = b. De même, dans le voisinage du point C, la pente de la tangente est négative immédiatement à gauche de X = c et devient positive immédiatement à droite de X = c.

D'après ces constatations, on peut énoncer ce qui suit.

Test de la dérivée première: maximum local

La fonction $Y = f(X)$ admet un maximum local à $X = X_0$ si en ce point,

$$f'(X_0) = 0 \qquad \left[\left(\frac{dY}{dX}\right)_{X = X_0} = 0 \right]$$

et si $f'(X)$ est positive immédiatement à gauche de X_0 et négative immédiatement à droite de X_0.

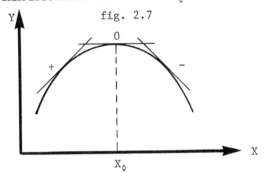

fig. 2.7

Test de la dérivée première: minimum local

La fonction $Y = f(X)$ admet un minimum local à $X = X_0$ si à ce point,

$$f'(X_0) = 0$$

et si $f'(X)$ est négative immédiatement à gauche de X_0 et positive immédiatement à droite de X_0.

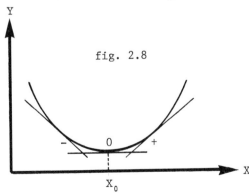

fig. 2.8

Remarques.   1) La fonction Y = f(X) n'admet ni un maximum ni un minimum au point X = X_0 si pour f'(X) aucun changement de signe n'intervient c.-à-d. que f'(X) a le même signe à gauche et à droite de X_0.

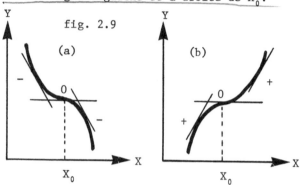

fig. 2.9

2) Les valeurs de X qui rendent nulle la dérivée première sont appelées *valeurs critiques* ou *points stationnaires.*

On détermine donc les extremums locaux d'une fonction Y = f(X), par le test de la dérivée première, en:

1. Obtenant la dérivée première $\frac{dY}{dX}$ = f'(X)

2. Déterminant les valeurs critiques X_0 qui rendent nulle la dérivée première: f'(X_0) = 0

3. Déterminant, pour chaque valeur critique si f'(X) change de signe dans le voisinage immédiat de X_0:

   f'(X) change de + à - ⇒ maximum local à X = X_0

   f'(X) change de - à + ⇒ minimum local à X = X_0

   f'(X) ne change pas de signe ⇒ il n'existe pas de maximum ou minimum local.

Remarque.   Le voisinage choisi ne devra contenir qu'une seule valeur critique.

EXEMPLE 2.10   L'expression du revenu total pour un certain bien est

$$Y = f(X) = 48X - 4X^2$$

où X représente la quantité.

Déterminer, à l'aide du test de la dérivée première, la valeur de X qui maximise le revenu.

SOLUTION

1. La dérivée première de la fonction est

$$\frac{dY}{dX} = f'(X) = 48 - 8X$$

2. Annulant la dérivée première, on obtient

$$f'(X) = 0, \quad 48 - 8X = 0$$

Alors $X = \frac{48}{8} = 6$: la valeur $X_0 = 6$ est une valeur critique.

3. Vérifions le signe de $f'(X)$ dans le voisinage de $X = 6$.

Pour $X = 5$, $f'(5) = 48 - (8)(5) = 8 > 0$

Pour $X = 7$, $f'(7) = 48 - (8)(7) = -8 < 0$

Donc à mesure que la valeur de X augmente dans un intervalle incluant $X = 6$, la pente de la tangente passe de positive à négative. La valeur $X = 6$ unités maximise la fonction revenu et donc le revenu maximum est

$$Y_{max} = (48)(6) - (4)(6)^2$$
$$= 288 - 144 = 144$$

fig. 2.10

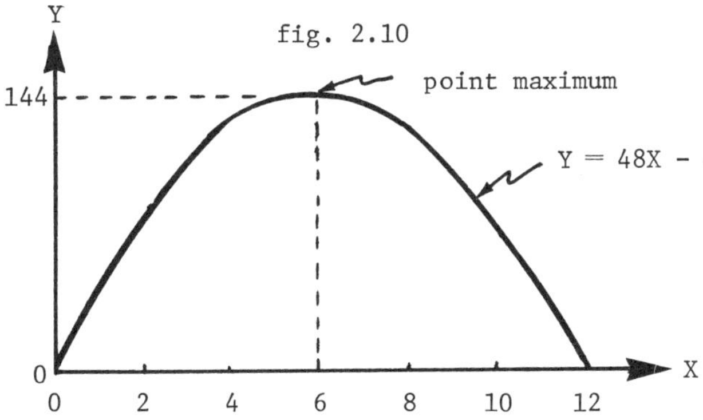

On peut aussi conclure que le point (6, 144) est un maximum absolu.

EXEMPLE 2.11 Déterminer les extremums de la fonction

$$Y = f(X) = 10 - 12X + X^3$$

à l'aide du test de la dérivée première.

SOLUTION

1. La dérivée première de la fonction est

$$\frac{dY}{dX} = f'(X) = -12 + 3X^2$$

2. Déterminons les valeurs critiques qui annulent la dérivée première:

$$f'(X) = 0, \quad -12 + 3X^2 = 0, \quad 3X^2 = 12$$
$$X^2 = 4$$
$$X = \pm \sqrt{4} = \pm 2; \quad \text{nous avons donc}$$

deux valeurs critiques.

3. Vérifions le signe de $f'(X)$ dans le voisinage de chacune de ces valeurs critiques.

Dans le voisinage de $X = -2$, on a

pour $X = -3$, $f'(-3) = -12 + (3)(-3)^2 = 15 > 0$
pour $X = -1$, $f'(-1) = -12 + (3)(-1)^2 = -9 < 0$

Donc à $X = -2$, nous avons un maximum local et dont la valeur correspondante de Y est

$$Y_{max} = 10 - 12(-2) + (-2)^3 = 10 + 24 - 8 = 26$$

Dans le voisinage de $X = +2$, on a

pour $X = 1$, $f'(1) = -12 + (3)(1)^2 = -9 < 0$
pour $X = 3$, $f'(3) = -12 + (3)(3)^2 = 15 > 0$

Donc à $X = +2$, nous avons un minimum local et dont la valeur correspondante de Y est

$$Y_{min} = 10 - 12(2) + (2)^3 = 10 - 24 + 8 = -6$$

Le graphe de la fonction est tracé à la figure 2.11.

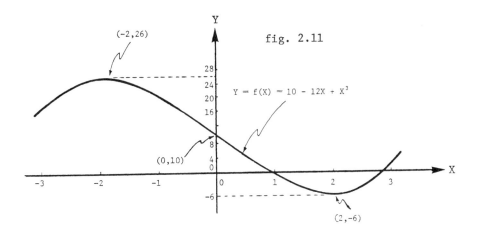

fig. 2.11

$Y = f(X) = 10 - 12X + X^3$

2.12 DÉTERMINATION DES EXTREMUMS: TEST DE LA DÉRIVÉE SECONDE

Nous savons qu'une *condition nécessaire* à l'existence d'un extremum local est

$$\frac{dY}{dX} = f'(X) = 0.$$

Toutefois on peut utiliser la dérivée seconde (dérivée de la dérivée première) pour déterminer les *conditions suffisantes* pour assurer que les points critiques obtenus à l'aide de la première condition sont des extremums.

La dérivée seconde par rapport à X, $\frac{d^2Y}{dX^2} = f''(X)$ donne le taux de variation de la dérivée première $f'(X)$ c.-à-d. la pente de la courbe $f'(X)$.

Examinons le signe de la dérivée seconde. Soit une fonction $Y = f(X)$ et dont $X = X_0$ est un point critique, alors $f'(X_0) = 0$. Alors si, pour une petite variation $k > 0$, dans le voisinage de X_0, nous obtenons

$$f'(X_0 - k) < 0 \quad \text{et} \quad f'(X_0 + k) > 0,$$

nous concluons, d'après le test de la dérivée première, que nous sommes en présence d'un minimum local.

Alors

$$\frac{f'(X_0 - k) - f'(X_0)}{-k} > 0 \quad \text{et} \quad \frac{f'(X_0 + k) - f'(X_0)}{k} > 0$$

et

$$\lim_{k \to 0} \frac{f'(X_0 - k) - f'(X_0)}{-k} = f''(X_0) = \left(\frac{d^2Y}{dX^2}\right) X = X_0 > 0$$

$$\lim_{k \to 0} \frac{f'(X_0 + k) - f'(X_0)}{k} = f''(X_0) > 0$$

en autant que la limite existe.

Donc une condition suffisante pour un minimum local est

$$f''(X_0) = \left(\frac{d^2Y}{dX^2}\right) X = X_0 > 0.$$

Test de la dérivée seconde: minimum local

La fonction $Y = f(X)$ admet un minimum local à $X = X_0$

$$\text{si } f'(X_0) = 0$$
$$\text{et } f''(X_0) > 0$$

Test de la dérivée seconde: maximum local

En raisonnant d'une façon similaire que pour un minimum local, on obtiendrait les conditions suivantes:

La fonction $Y = f(X)$ admet un maximum local à $X = X_0$

$$\text{si } f'(X_0) = 0$$
$$\text{et } f''(X_0) < 0.$$

Remarques. 1) Toutefois si à $X = X_0$ les dérivées première et seconde sont nulles,

$$f'(X_0) = 0, \quad f''(X_0) = 0,$$

on ne peut alors se prononcer quant à la nature de la valeur critique (maximum ou minimum local). La méthode (test de la dérivée seconde) ne convient pas. On peut alors utiliser le test de la dérivée première.

2) La dérivée seconde nous renseigne aussi sur la concavité d'une fonction. En effet, si la dérivée seconde évaluée en un point particulier $X = X_0$ est positive, $f''(X_0) > 0$, nous disons alors que la fonction $Y = f(X)$ est *concave vers le haut*, (voir fig. 2.8). D'autre part, si la dérivée seconde est négative, $f''(X_0) < 0$, la fonction $Y = f(X)$ est alors *concave vers le bas* (voir fig. 2.7).

EXEMPLE 2.12 Utilisons à nouveau la fonction de l'exemple 2.11 et appliquons le test de la dérivée seconde pour déterminer les extremums. On a

$$Y = f(X) = 10 - 12X + X^3$$

SOLUTION

1. Déterminons d'abord la dérivée première de la fonction:

$$f'(X) = -12 + 3X^2$$

2. Déterminons les valeurs critiques qui rendent nulle la dérivée première:

$$f'(X) = 0, \quad -12 + 3X^2 = 0. \quad \text{On obtient}$$
$$X^2 = 4,$$
$$X = \pm \sqrt{4} = \pm 2. \quad \text{Nous obtenons}$$

donc deux valeurs critiques.

3. Déterminons la dérivée seconde:

$$f''(X) = \frac{d}{dX}(-12 + 3X^2) = 6X$$

4. Evaluons le signe de la dérivée seconde à chacune des valeurs critiques. On obtient

$$\text{à } X = +2, \quad f''(2) = (6)(2) = 12 > 0 \quad \Rightarrow \text{minimum local}$$
$$\text{à } X = -2, \quad f''(-2) = (6)(-2) = -12 < 0 \quad \Rightarrow \text{maximum local}$$

Nous obtenons évidemment les mêmes conclusions qu'avec l'application du test de la dérivée première.

De plus, nous constatons que la fonction est concave vers le haut à $X = +2$ et concave vers le bas à $X = -2$.

EXEMPLE 2.13 Une entreprise veut déterminer le volume optimal d'un contenant qui permettrait de minimiser le coût de manutention.

En effet, le coût de manutention en fonction du volume en mètres cubes est représenté par le modèle suivant:

$$Y = 10 + 25X + \frac{400}{X}$$

où $X > 0$.

On veut déterminer la valeur de X qui minimise Y.

SOLUTION

Appliquons le test de la dérivée seconde.

1. Déterminons d'abord la dérivée première:

$$f'(X) = \frac{d}{dX} (10 + 25X + 400) = 25 - \frac{400}{X^2}$$

2. Annulant la dérivée première, on obtient

$$25 - \frac{400}{X^2} = 0, \quad X^2 = \frac{400}{25} = 16$$

$$X = \pm 4$$

Nous rejetons la valeur critique $X = -4$ puisqu'elle ne respecte pas la restriction $X > 0$.

3. Déterminons la dérivée seconde:

$$f''(X) = \frac{d}{dX} (25 - \frac{400}{X^2}) = \frac{800}{X^3}$$

4. Evaluons le signe de la dérivée seconde à $X = 4$.

On obtient $f''(4) = \frac{800}{(4)^3} = \frac{800}{64} = 12,5 > 0$

Le coût de manutention est minimal avec un volume de $4m^3$. Le coût optimal de manutention est alors:

$$Y_{min} = 10 + (25)(4) + \frac{400}{4}$$

$$= 10 + 100 + 100 = \$210.$$

EXEMPLE 2.14 Nous avons déjà déterminé que le modèle du bénéfice d'exploitation de l'entreprise Les Jouets en fonction du prix de vente du jouet (voir p. 18) était

$$P = -25\ 000 + 12\ 000X - 1\ 000X^2.$$

On veut déterminer le prix de vente optimum à l'aide du test de la dérivée seconde, c.-à-d. la valeur de X qui maximise P.

SOLUTION

1. La dérivée première de la fonction de profit est:

$$\frac{dP}{dX} = 12\ 000 - 2\ 000X.$$

2. La valeur de X qui annule la dérivée première est:

$$12\ 000 - 2\ 000X = 0$$
$$2\ 000X = 12\ 000$$
$$X = 6$$

Nous n'avons qu'une seule valeur critique.

3. La dérivée seconde est:

$$\frac{d^2P}{dX^2} = \frac{d}{dX}\ (12\ 000 - 2\ 000X) = -2\ 000$$

4. La dérivée seconde est négative pour toute valeur de X; la valeur $X = 6$ maximise P.

Le prix optimum est donc \$6 et la valeur maximale du bénéfice est \$11 000.

2.13 L'ANALYSE MARGINALE ET LE TEST DE LA DÉRIVÉE SECONDE

Nous pouvons utiliser le test de la dérivée seconde pour déterminer les conditions qui assurent, dans le cas de l'analyse marginale, un profit maximum.

En effet, nous savons que nous sommes en présence d'un maximum lorsque

$$\frac{dP}{dX} = 0 \quad \text{(condition nécessaire: condition qui doit être satisfaite dans tous les cas)}$$

et

$$\frac{d^2P}{dX^2} < 0 \quad \text{(condition suffisante: condition qui, si elle est satisfaite, garantit un maximum)}$$

Soit la fonction de profit

$$P = R - C$$

où R et C sont les fonctions de revenu et de coût.

1ère condition: $\frac{dP}{dX} = 0$.   Donc

$$\frac{dP}{dX} = \frac{dR}{dX} - \frac{dC}{dX} = 0$$

$$\frac{dR}{dX} = \frac{dC}{dX}$$

Revenu marginal $=$ Coût marginal

On détermine alors le point X_0 qui satisfait cette 1ère condition.

2e condition: $\frac{d^2P}{dX^2} < 0.$

$$\frac{d^2P}{dX^2} = \frac{d^2R}{dX^2} - \frac{d^2C}{dX^2} < 0$$

Donc $\frac{d^2R}{dX^2} < \frac{d^2C}{dX^2}$

A $X = X_0$, le taux de variation du revenu marginal doit être inférieur au taux de variation du coût marginal pour garantir un profit maximum.

EXEMPLE 2.15   L'entreprise Electro veut déterminer le niveau de production le plus rentable pour un nouvel appareil électrique qu'elle veut lancer sur le marché.   On a déterminé que le modèle qui semblait le plus plausible pour représenter la relation entre le prix unitaire et la demande est:

$$p = 100 - \frac{X}{200}$$

Le modèle pour le coût total est:

$$C = 45\,000 + 60X$$

où X représente la quantité d'appareils.

On veut déterminer en appliquant les deux conditions obtenues à la section 2.13, le niveau de production le plus rentable, le prix optimum de l'appareil pour ce niveau ainsi que le profit maximum réalisable.

SOLUTION

Le modèle pour le coût total est:

$$C = 45\,000 + 60X.$$

Celui du revenu total est:

$$R = p \cdot X = (100 - \frac{X}{200})X = 100X - \frac{X^2}{200}$$

1ère condition:
$$\frac{dR}{dX} = \frac{dC}{dX}$$

$$\frac{dR}{dX} = \frac{d}{dX} (100X - \frac{X^2}{200}) = 100 - \frac{X}{100}$$

$$\frac{dC}{dX} = \frac{d}{dX} (45\ 000 + 60X) = 60$$

$$100 - \frac{X}{100} = 60$$

$$\frac{X}{100} = 40$$

$$X = 4\ 000 \text{ unités}$$

2e condition:
$$\frac{d^2R}{dX^2} < \frac{d^2C}{dX^2}$$

$$\frac{d^2R}{dX^2} = \frac{d}{dX} (100 - \frac{X}{100}) = -\frac{1}{100}$$

$$\frac{d^2C}{dX^2} = \frac{d}{dX} (60) = 0$$

Donc la deuxième condition garantit que le profit est maximisé avec un niveau de production de 4 000 unités puisque

$$-\frac{1}{100} < 0$$

Le prix optimum du marché est

$$p = 100 - \frac{X}{200} = 100 - \frac{4\ 000}{200} = \$80.$$

Le revenu est: $(80)(4\ 000) = \$320\ 000.$

Le coût correspondant est: $45\ 000 + (60)(4\ 000) = \$285\ 000.$

Le profit maximum réalisable est

$$P = R - C = 320\ 000 - 285\ 000 = \$35\ 000.$$

Remarque. On obtiendrait évidemment les mêmes résultats en appliquant le test de la dérivée seconde sur la fonction de profit.

2.14 EFFET D'UNE TAXE SUR L'OPTIMISATION DU BÉNÉFICE

Examinons maintenant l'effet, sur le bénéfice maximum, d'une taxe de t dollars imposée sur chaque unité fabriquée.

Nous supposons toutefois que nous sommes en situation de monopole c.-à-d. que l'entreprise propose seule un bien strictement défini par sa nature dans une zone économique déterminée. Il n'y a aucun concurrent.

L'entreprise (ou le monopoleur) voit alors, dans le cas d'une imposition d'une taxe, son coût augmenté de t dollars par unité. Le modèle du coût total devient alors:

$$C_t = C + tX$$

où C est le coût total avant l'imposition de la taxe.

En supposant que l'entreprise contrôle le marché et que la demande correspond au prix fixé, le modèle du revenu est:

$$R = p \cdot X.$$

La fonction du revenu n'est pas affectée par l'imposition d'une taxe.

La fonction de profit devient alors:

$$P = R - C_t = p \cdot X - C - tX$$

La quantité X qui maximise le profit est obtenu à l'aide des conditions suivantes:

$$\frac{dP}{dX} = 0; \quad \text{c.-à-d.} \quad \frac{dR}{dX} = \frac{dC_t}{dX}$$

et

$$\frac{d^2P}{dX^2} < 0; \quad \text{c.-à-d.} \quad \frac{d^2R}{dX^2} < \frac{d^2C_t}{dX^2}$$

de plus $\frac{dC_t}{dX} = C' + t$; le coût marginal après l'imposition de la taxe est simplement le coût marginal avant l'imposition de la taxe, augmenté de t. En supposant que le coût marginal et le revenu marginal varient d'une façon linéaire avec la quantité, on peut visualiser ainsi l'effet sur la quantité optimale.

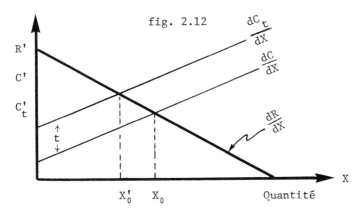

fig. 2.12

La quantité diminue de X_0 à X_0'.

A la figure 2.13, nous indiquons la conséquence sur le prix du marché.

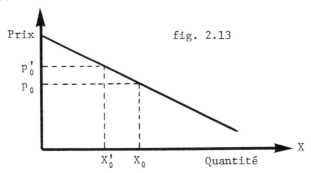

fig. 2.13

Le prix augmente de p_0 à p_0'.

EXEMPLE 2.16 Supposons que l'entreprise Les Jouets se voit imposer une taxe de \$1 par jouet fabriqué. De quelle façon ceci va-t-
il affecter la quantité optimale du jouet à fabriquer (et vendu)
ainsi que le prix optimum du marché?

SOLUTION

De la section 2.9, on a

$$p = 10 - \frac{1}{1\ 000} X$$

et

$$R = p \cdot X = 10X - \frac{1}{1\ 000} X^2$$

Le coût total avant l'imposition de la taxe est:

$$C = 5\ 000 + 2X$$

Après imposition de la taxe, on obtient, avec $t = 1$,

$$C_t = C + tX = 5\ 000 + 2X + X$$
$$= 5\ 000 + 3X$$

Alors la fonction de profit devient

$$P = R - C_t = 10X - \frac{1}{1\ 000}\ X^2 - 5\ 000 - 3X$$
$$= -5\ 000 + 7X - \frac{1}{1\ 000}\ X^2$$

Appliquant les critères d'optimisation, on obtient:

$$\frac{dP}{dX} = 7 - \frac{2X}{1\ 000}$$

La dérivée première devient nulle si

$$7 - \frac{2X}{1\ 000} = 0$$
$$2X = 7\ 000$$
$$X = 3\ 500 \text{ jouets.}$$

La dérivée seconde est:

$$\frac{d^2P}{dX^2} = \frac{d}{dX}\ (7 - \frac{2X}{1\ 000}) = -\frac{2}{1\ 000} < 0$$

Donc la quantité à fabriquer pour assurer un bénéfice d'exploitation maximum est 3 500 jouets.

Dans ce cas, le prix optimum du marché serait

$$P_0 = 10 - \frac{3\ 500}{1\ 000} = \$6,50$$

et le bénéfice maximum est alors

$$P_{max} = -5\ 000 + (7)(3\ 500) - \frac{(3\ 500)^2}{1\ 000}$$
$$= \$7\ 250.$$

Nous remarquons qu'il n'est pas avantageux de faire absorber totalement la taxe de \$1 par le consommateur. Seulement 50% (\$0,50) est absorbé par le consommateur.

Si toute la taxe était absorbée par le consommateur, on obtiendrait alors un prix de vente de \$7, un volume de vente de 3 000 jouets pour un bénéfice maximum de \$7 000, comparativement aux résultats obtenus à l'exemple 2.14.

On peut aussi constater la variation dans la quantité et dans le prix avec les courbes du revenu marginal et du coût marginal avant et après l'imposition de la taxe (voir fig. 2.14).

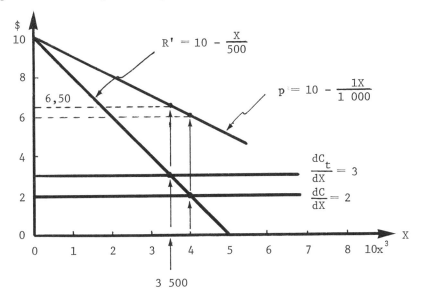

fig. 2.14

EXEMPLE 2.17 Utilisons à nouveau les données de l'exemple 2.15 où cette fois l'entreprise Electro doit faire face à une imposition d'une taxe par le gouvernement. La fonction de demande pour l'appareil électrique est:

$$p = 100 - \frac{X}{200}$$

et la fonction du coût total avant imposition de la taxe est:

$$C = 45\ 000 + 60X$$

où X est la quantité d'appareils électriques à fabriquer.

a) Si une taxe de t dollars par unité est imposée à l'entreprise, déterminer

    i)   l'expression du profit maximum possible en fonction de t;

    ii) la variation dans le prix de vente en fonction de t;

    iii) le revenu perçu par le gouvernement en fonction du niveau d'imposition t.

b) Déterminer la taxe à imposer qui assurerait au gouvernement un revenu maximum.

SOLUTION

a) i) Expression du profit maximum en fonction de t.

La fonction du revenu est:

$$R = p \cdot X = 100X - \frac{X^2}{200}$$

La fonction du coût total après imposition de la taxe t est:

$$C_t = 45\ 000 + 60X + tX$$

Le profit est donc:

$$P = R - C_t$$

$$= 100X - \frac{X^2}{200} - 45\ 000 - 60X - tX$$

$$= -45\ 000 + 40X - tX - \frac{X^2}{200}$$

$$= -45\ 000 + (40 - t)X - \frac{X^2}{200}$$

Déterminons pour quelle valeur de X, le profit sera maximum.

$$\frac{dP}{dX} = (40 - t) - \frac{X}{100}$$

La valeur de X qui annule la dérivée première est:

$$(40 - t) - \frac{X}{100} = 0$$

$$\frac{X}{100} = 40 - t$$

$$X = 100(40 - t)$$

De plus $\frac{d^2P}{dX^2} = -\frac{1}{100} < 0$. Donc le profit est maximisé si $X = 100(40 - t)$. Substituant cette valeur dans la fonction de profit, on obtient:

$$P_{max} = -45\ 000 + 100(40 - t)^2 - 50(40 - t)^2$$
$$= -45\ 000 + 50(40 - t)^2.$$

ii) Variation dans le prix de vente en fonction de t

A $X = 100(40 - t)$, on obtient

$$p = 100 - \frac{X}{200} = 100 - \frac{(40 - t)}{2} = 80 + \frac{t}{2}$$

Le prix de vente varie selon $\frac{t}{2}$ soit la moitié de la taxe imposée.

A $t = 0$, $p = 80 + \frac{0}{2} = \$80$, le prix optimum obtenu à l'exemple 2.15. Si une taxe de \$5 est imposée par le gouvernement, le prix de vente de l'appareil augmentera de $\frac{5}{2} =$ \$2,50.

iii) Revenu perçu par le gouvernement en fonction de t.

Soit T, le revenu total perçu de la taxe, alors

$$T = tX$$

Substituant $X = 100(40 - t)$, on obtient

$$T = 100t(40 - t) = 4\ 000t - 100t^2.$$

b) On veut déterminer la taxe à imposer qui maximisera le revenu du gouvernement:

$$T = 4\ 000t - 100t^2.$$

Utilisant le test de la dérivée seconde, on obtient:

$$\frac{dT}{dt} = 4\ 000 - 200t$$

$$\frac{dT}{dt} = 0, \quad \text{alors } 4\ 000 - 200t = 0$$

$$t = \frac{4\ 000}{200} = \$20$$

$$\frac{d^2T}{dt^2} = -200 < 0.$$

Donc la joie du ministre des finances sera optimale avec l'imposition d'une taxe de \$20 à l'entreprise Electro et permettra au gouvernement d'obtenir un revenu maximum de

$$T_{max} = (4\ 000)(20) - (100)(20)$$

$$= 80\ 000 - 40\ 000 = \$40\ 000$$

et par le fait même mettre l'entreprise en faillite...

2.15 CHANGEMENT DE CONCAVITÉ D'UNE FONCTION: POINT D'INFLEXION

Nous terminons ce deuxième chapitre en discutant d'un autre

point critique d'une fonction, soit le *point d'inflexion*.

A ce point, nous disons alors qu'il y a changement de concavité. Puisque le signe de la dérivée seconde nous renseigne sur la concavité d'une courbe (voir remarque p.59), il s'ensuit qu'un changement de signe de $\frac{d^2Y}{dX^2}$ implique un changement de concavité, d'où l'existence d'un point d'inflexion.

Pour que X_0 soit un point d'inflexion, il est nécessaire que la dérivée seconde évaluée à ce point soit nulle: $f''(X_0) = 0$. Toutefois pour garantir que X_0 soit un point d'inflexion, il faut que la dérivée seconde $f''(X)$ change de signe quand X croît en passant par $X = X_0$.

Remarque.   On peut aussi énoncer la deuxième condition qui garantit un point d'inflexion comme suit: $f'''(X_0) \neq 0$, la dérivée troisième évaluée à $X = X_0$ est différente de zéro.

EXEMPLE 2.18   On veut étudier les points critiques de la fonction
$$Y = f(X) = 5 - 3X^2 + 2X^3;$$
aucune restriction de signe sur X.

SOLUTION

On veut donc déterminer les points maximum, minimum et d'inflexion s'ils existent.

Dérivée première:

$$\frac{dY}{dX} = -6X + 6X^2$$

Déterminons les valeurs de X qui annulent la dérivée première:

$$\frac{dY}{dX} = 0; \quad -6X + 6X^2 = 0$$

$$6X(-1 + X) = 0$$

$$6X = 0 \quad \Rightarrow \quad X = 0$$

$$(X-1) = 0 \quad \Rightarrow \quad X = 1$$

Deux valeurs de X annulent la dérivée première.

Dérivée seconde:
$$f''(X) = \frac{d^2Y}{dX^2} = \frac{d}{dX}(-6X + 6X^2) = -6 + 12X$$

A X = 0, f''(0) = -6 + (12)(0) = -6 < 0; il existe donc un un maximum local à X = 0.

A X = 1, f''(1) = -6 + (12)(1) = 6 > 0; il existe donc un minimum local à X = 1.

Puisqu'à X = 0, $\dfrac{d^2Y}{dX^2}$ = -6 < 0 (concave vers le bas) et à X = 1, $\dfrac{d^2Y}{dX^2}$ = 6 > 0 (concave vers le haut) il doit exister un point d'inflexion puisqu'il y a un changement de concavité.

Examinons s'il existe une valeur de X qui annule la dérivée seconde.

$$\frac{d^2Y}{dX^2} = 0, \quad -6 + 12X = 0$$

$$X = \frac{6}{12} = \frac{1}{2}$$

De plus la dérivée troisième est différente de zéro:

$$\frac{d^3Y}{dX^3} = 12.$$

Nous avons donc un point d'inflexion à X = 1/2.

$$
\begin{aligned}
&\text{maximum local} &&: (0,5)\\
&\text{minimum local} &&: (1,4)\\
&\text{point d'inflexion:} &&(1/2,\ 9/2)
\end{aligned}
$$

Remarques. (1) A un point d'inflexion, la tangente peut avoir une pente positive, négative ou nulle.

(2) Entre deux maximums successifs, il y a toujours un minimum.

(3) Entre un maximum et un minimum, il peut y avoir plusieurs points d'inflexion.

2.16 PROBLÈMES

1. a) Soit le modèle linéaire

$$Y = 30 + 10X.$$

Déterminer le taux moyen de variation $\dfrac{\Delta Y}{\Delta X}$. Que représente le taux moyen de variation.

b) Soit le modèle quadratique

$$Y = 5 + 2X - X^2$$

Déterminer l'expression du taux moyen de variation dans l'intervalle $(2, 2 + \Delta X)$. Si $\Delta X = 1$, que représente alors le taux moyen de variation.

2. Utilisant le processus de différentiation, déterminer le taux instantané de variation des fonctions suivantes:

a) $Y = 20 + 5X$

b) $Y = 5 + 2X - X^2$

c) $Y = \dfrac{5}{X^2}$

d) $Y = 10 + 2 \sqrt{X}$

e) $Y = e^X$

A noter que $e^{\Delta X} = 1 + \dfrac{\Delta X}{1!} + \dfrac{(\Delta X)^2}{2!} + \ldots + \dfrac{(\Delta X)^n}{n!} + \ldots$

3. Le bénéfice d'exploitation d'une entreprise en fonction de la quantité fabriquée est représentée par le modèle suivant:

$$Y = -1\,000 + 200X - 2X^2$$

a) Déterminer, à l'aide des règles de dérivation, le taux instantané de variation du bénéfice par rapport à la quantité.

b) Evaluer la dérivée première pour les quantités suivantes:

i) $X = 20$

ii) $X = 50$

iii) $X = 60$

Que peut-on conclure dans chaque cas?

4. Déterminer les dérivées successives de

$$Y = f(X) = 10 + 5X - 2X^2 + X^3 \text{ au point } X = 4.$$

5. Le coût total pour fabriquer X gallons d'un certain produit chimique est donné par le modèle

$$C = 10 - \dfrac{X}{10} + \dfrac{X^2}{2\,000}$$

a) Quel est le coût total pour fabriquer 100 gallons?

b) Quel est le coût moyen par gallon pour une quantité de 100 gallons?

c) Quel est le coût marginal pour fabriquer le 100e gallon?

d) Déterminer le nombre de gallons fabriqués qui correspond à un coût marginal de $1 par gallon.

6. Déterminer pour chacune des fonctions de la section 2.6, page 46, (coût total, coût moyen et coût marginal) l'allure de la fonction en fonction de la quantité X.

7. La fonction revenu d'une entreprise pour la vente d'un certain bien est

$$R = 60X - \frac{X^2}{400}$$

a) Quel est le revenu total pour X = 200?

b) Quel est le revenu marginal lorsque X = 200?

c) Pour quelle valeur de X, le revenu marginal est-il égal à −10?

8. Les modèles suivants décrivent les fonctions du coût total et du revenu total en fonction de la quantité X:

$$R = 1\ 000X - 5X^2$$
$$C = 500 + 100X - 2,5X^2$$

a) Déterminer le revenu marginal et le coût marginal.

b) Utilisant le principe de l'analyse marginale, déterminer le niveau optimal de production.

9. Supposons que le produit chimique du problème 5 se vend $1,50 le gallon.

a) Déterminer la fonction du revenu.

b) Déterminer le revenu marginal et le coût marginal.

c) En appliquant le principe de l'analyse marginale, combien de gallons l'entreprise devrait-elle produire pour maximiser son profit?

10. Etudier, à l'aide du test de la dérivée première, les maximums et minimums de la fonction

$$Y = f(X) = 2\ 000 - 25X + 10X^2 - X^3$$

11. La fonction revenu d'une entreprise est

$$R = 20X - \frac{X^2}{1\ 000}$$

où X est la quantité d'un certain bien.

Utilisant le test de la dérivée première, pour quelle valeur de X le revenu est maximisé?

12. Utilisant les modèles du revenu et du coût total du problème 8,

a) Déterminer l'expression du bénéfice.

b) Utilisant le test de la dérivée seconde, déterminer la valeur de X qui optimise le bénéfice.

13. Un fabricant de lampes a estimé que la demande pour une certaine lampe est représentée par le modèle

$$X = 20\ 000 - 1\ 000p$$

où X est la quantité et p, le prix unitaire.

Le coût total de fabrication est représenté par le modèle suivant:

$$C = 40 + 5X$$

a) Quelle quantité de lampes doit-on fabriquer pour maximiser le profit? Quel doit être le prix de vente optimum?

b) Pour cette production, quel est le profit maximum?

14. Le modèle pour la fonction de demande d'un certain bien est

$$Y = \beta_0 - \beta_1 X \quad \text{où Y est la demande en unités}$$

et X, le prix unitaire.

Le coût total de fabrication est représenté par le modèle

$$C = z_0 - z_1 X + z_2 X^2$$

$\beta_0, \beta_1, z_0, z_1$ et z_2 sont les paramètres des modèles.

a) Quel est le modèle correspondant au revenu total?

b) Quel est le modèle correspondant au bénéfice?

c) Pour quelle valeur de X le bénéfice est-il maximum? Exprimer X en fonction des paramètres.

d) Quelle condition doivent satisfaire les paramètres pour garantir un bénéfice maximum?

15. Une entreprise immobilière veut construire un édifice à bureaux dans le centre des affaires de la ville. Le lot pour l'édifice coûte $20 000. Le coût pour l'édifice même est représenté par la fonction

$$Y = 500\ 000X + 40\ 000X^2 \quad \text{où}$$

Y est le coût en dollars et X le nombre d'étages de l'édifice. L'investissement total doit être récupéré sur une période de 20 ans par les loyers perçus. La valeur présente de location, recevable sur une période de 20 ans, est évaluée à $4 500 000 par étage.

Déterminer

a) le nombre optimal d'étages;

b) le bénéfice maximum;

c) le coût total de construction de l'édifice.

16. L'analyste de l'entreprise CIRO a déterminé que la demande d'un certain produit chimique était représentée adéquatement par le modèle suivant:

$$Y = 20\ 000e^{-0,5X} \quad \text{où Y est la demande en}$$

unités et X, le prix unitaire.

Les coûts de production sont:

$$C = 500 + 5Y.$$

a) Quel devrait être le prix de vente pour maximiser les bénéfices?

b) Déterminer le prix de vente qui maximise le chiffre d'affaires.

c) Déterminer le niveau de la demande pour le prix de vente obtenu en a).

17. Supposons qu'au problème 13, l'entreprise se voit imposer une taxe de $2,50 par lampe produite.

a) Déterminer alors la quantité optimale à produire.

b) Quel doit être le prix de vente optimum?

c) Quel est alors le bénéfice maximum possible?

d) Quelle proportion de la taxe sera payée par le consommateur?   ·

18. Les modèles suivants représentent les fonctions de demande et de coût pour un certain bien:

$$p = 1\ 000 - 5X,$$
$$C = 500 + 100X - 2,5X^2$$

où X est la quantité à fabriquer.

a) Si une taxe de t dollars par unité fabriquée est imposée à l'entreprise, déterminer

i)   l'expression du profit maximum en fonction de t;

ii) la variation dans le prix de vente en fonction de t;

iii) le revenu perçu par le gouvernement en fonction du niveau d'imposition t.

b) Si le gouvernement impose une taxe de $5 par unité fabriquée, quel sera alors le revenu du gouvernement? Déterminer dans ce cas, la quantité optimale à fabriquer, le prix de vente optimum ainsi que le bénéfice maximum qu'obtiendrait l'entreprise.

19. Déterminer, s'il y a lieu, les maximums, minimums et points d'inflexion des fonctions suivantes:

a) $Y = 8 - 3X^2 + X^3$

b) $Y = 15 + 5X - 8X^2 + X^3$

c) $Y = 12 - 4X^3 + X^4$

20. *Un problème de synthèse.* Les ingénieurs de l'entreprise X-Tronic ont mis au point un téléviseur couleur avec ajustement automatique des couleurs. Pour ce nouvel appareil, l'entreprise désire établir un prix de vente qui va maximiser

les bénéfices dès la première année. L'analyste responsable
de l'évaluation du marché a estimé la demande de ce nouveau
téléviseur à différents prix de vente. Le modèle qui semble
expliquer la relation entre la demande et le prix unitaire
est le suivant:

$$X = 20\ 000 - 40p$$

où X est la demande en unités et p, le prix unitaire en dollars.

La section génie industriel de l'entreprise a estimé qu'il en
coûtera $50 000 pour l'achat d'un nouvel équipement pour la
fabrication du chassis de l'appareil et que chaque unité fabriquée coûtera $250 de matériel et main-d'oeuvre.

On a aussi estimé que les coûts de mise en marché, transport
et autres... seront de $50 par appareil; les frais généraux
(salaires pour ingénieur, technicien, ...) sont estimés à
$100 000 par année.

a) Déterminer l'expression du revenu en fonction de la quantité.

b) Déterminer l'expression du coût moyen en fonction de la
   quantité.

c) Déterminer le revenu marginal et le coût marginal.

d) Quel est le coût marginal de fabrication du 100e appareil?

e) Déterminer les conditions nécessaire et suffisante pour
   assurer que le prix de vente du téléviseur maximise les
   bénéfices. Exprimer vos relations en fonction du prix
   de vente.

f) Quel doit être le prix de vente optimum de ce nouveau
   téléviseur?

g) Déterminer alors la demande anticipée, le chiffre d'affaires, les coûts de fabrication ainsi que le bénéfice
   maximum.

h) Si une taxe de t dollars par appareil fabriqué est imposée à l'entreprise X -Tronic, quelle est, dans ce cas,
   l'expression du profit maximum possible en fonction de t.

i) Tracer sur le même graphique, les courbes du profit en fonction de la quantité X pour les valeurs $t = 0$, $t = \$10$, $t = \$20$, $t = \$30$.

j) Si le gouvernement impose une taxe de $25 par téléviseur, de quelle façon ceci affectera le prix optimum de l'appareil, le niveau de production ainsi que le bénéfice maximum réalisable par l'entreprise?

3

SOMMAIRE

3.1   Fonctions de plusieurs variables indépendantes

3.2   Dérivées partielles

3.3   Interprétation géométrique des dérivées partielles

3.4   Dérivées partielles d'ordres supérieurs

3.5   Détermination des extremums d'une fonction de deux variables
      indépendantes

3.6   Optimisation de la fonction de profit: entreprise Les Jouets

3.7   Optimisation avec contrainte: méthode du multiplicateur de
      Lagrange

3.8   Interprétation économique du multiplicateur de Lagrange

3.9   Entreprise Les Jouets: optimisation avec limitation de la
      capacité de production

3.10 Détermination des valeurs optimales en fonction de b

3.11 Généralisation de la méthode des multiplicateurs de Lagrange

3.12 Problèmes

MÉTHODES D'OPTIMISATION: UTILISATION DES DÉRIVÉES PARTIELLES

CHAPITRE 3

3.1 FONCTIONS DE PLUSIEURS VARIABLES INDÉPENDANTES

Jusqu'à présent, nous avons traité de modèles à une seule variable indépendante: $Y = f(X)$. Toutefois de nombreuses applications exigent que la variable dépendante soit fonction de deux ou plusieurs variables indépendantes. Par exemple, la quantité demandée d'un bien peut être à la fois fonction de son prix, des dépenses publicitaires, du revenu familial,... Ce chapitre sera donc consacré à l'étude et à l'optimisation de modèles comportant deux variables indépendantes et plus.

Tout d'abord, nous traiterons de l'optimisation d'une fonction non linéaire comportant deux variables indépendantes. Nous cherchons à

maximiser ou minimiser la fonction

$$Y = f(X_1, X_2)$$

où X_1, X_2 sont les variables indépendantes. Dans ce cas, la méthode d'optimisation nécessitera l'utilisation des *dérivées partielles*. Nous traiterons par la suite du cas où la fonction à optimi-

ser est sujette à une contrainte <<égalité>>; nous devrons alors
faire appel à la *méthode du multiplicateur de Lagrange.*

3.2 DÉRIVÉES PARTIELLES

Nous savons que la dérivée première nous donne le taux de
variation d'une variable par rapport à une autre. Toutefois un
modèle de la forme

$$Y = f(X_1, X_2)$$

indique que la variable dépendante Y est liée à deux variables indépendantes X_1 et X_2. Dans ce cas, il faut procéder par étape
pour obtenir le taux de variation de Y par rapport à X_1 et par
rapport à X_2. On ne pourra obtenir simultanément les deux taux
de variation puisque la définition de la dérivée ne s'applique que
pour la variation d'une variable par rapport à une autre.

Ainsi, si l'on veut déterminer le taux de variation de Y par
rapport à X_1, on procédera de la même façon que dans le cas d'un
modèle à une variable indépendante, en considérant la deuxième variable indépendante X_2 comme une constante. De même, pour obtenir
le taux de variation de Y par rapport à X_2, nous considérons alors
la variable indépendante X_1 comme une constante. Les règles de
dérivation de la section 2.3, page 40, s'appliquent donc aussi
dans ce cas.

Définition

Soit une fonction de deux variables indépendantes
$Y = f(X_1, X_2)$. La dérivée partielle de Y par rapport à X_1 est

$$\frac{\partial Y}{\partial X_1} = \lim_{\Delta X_1 \to 0} \frac{\Delta Y}{\Delta X_1} = \lim_{\Delta X_1 \to 0} \frac{f(X_1 + \Delta X_1, X_2) - f(X_1, X_2)}{\Delta X_1},$$

X_2 ne variant pas.

De même, la dérivée partielle de Y par rapport à X_2 est

$$\frac{\partial Y}{\partial X_2} = \lim_{\Delta X_2 \to 0} \frac{\Delta Y}{\Delta X_2} = \lim_{\Delta X_2 \to 0} \frac{f(X_1, X_2 + \Delta X_2) - f(X_1, X_2)}{\Delta X_2},$$

X_1 ne variant pas.

Remarque. En plus de $\dfrac{\partial Y}{\partial X_1}$ et $\dfrac{Y}{\partial X_2}$ différentes notations sont uti-

lisées pour représenter les dérivées partielles premières; les plus usuelles sont:

$$\dfrac{\partial f}{\partial X_1} \;,\; \dfrac{\partial}{\partial X_1} \; f(X_1,X_2), \; f_{X_1}(X_1,X_2), \; f_{X_1}, \; Y_{X_1} \;;$$

$$\dfrac{\partial f}{\partial X_2} \;,\; \dfrac{\partial}{\partial X_2} \; f(X_1,X_2), \; f_{X_2}(X_1,X_2), \; f_{X_2}, \; Y_{X_2} \;.$$

EXEMPLE 3.1 Déterminer, par le processus de différentiation, les

dérivées partielles premières de la fonction $Y = f(X_1,X_2) =$
$5X_1 + 6X_2$.

SOLUTION

Dérivée partielle par rapport à X_1.

$$\dfrac{\partial Y}{\partial X_1} = \lim_{\Delta X_1 \to 0} \dfrac{f(X_1 + \Delta X_1, X_2) - f(X_1, X_2)}{\Delta X_1}$$

$$= \lim_{\Delta X_1 \to 0} \dfrac{5(X_1 + \Delta X_1) + 6X_2 - (5X_1 + 6X_2)}{\Delta X_1}$$

$$= \lim_{\Delta X_1 \to 0} \dfrac{5\Delta X_1}{\Delta X_1} = 5$$

Dérivée partielle par rapport à X_2.

$$\dfrac{\partial Y}{\partial X_2} = \lim_{\Delta X_2 \to 0} \dfrac{f(X_1, X_2 + \Delta X_2) - f(X_1, X_2)}{\Delta X_2}$$

$$= \lim_{\Delta X_2 \to 0} \dfrac{5X_1 + 6(X_2 + \Delta X_2) - (5X_1 + 6X_2)}{\Delta X_2}$$

$$= \lim_{\Delta X_2 \to 0} \dfrac{6\Delta X_2}{\Delta X_2} = 6.$$

Au lieu d'appliquer le processus de différentiation, nous pouvons
utiliser immédiatement les règles de dérivation que nous connais-
sons.

EXEMPLE 3.2 Soit le modèle suivant:

$$Y = 10 + 4X_1 - 2X_2 + X_1^2 X_2.$$

On veut déterminer les dérivées partielles $\dfrac{\partial Y}{\partial X_1}$ et $\dfrac{\partial Y}{\partial X_2}$ au point $X_1 = 1$, $X_2 = -2$.

SOLUTION

Appliquant les règles de dérivation, on obtient:

$$\frac{\partial Y}{\partial X_1} = 4 + 2X_1 X_2 \quad, \quad X_2 \text{ étant considérée comme une constante.}$$

$$\frac{\partial Y}{\partial X_2} = -2 + X_1^2 \quad, \quad X_1 \text{ étant considérée comme une constante.}$$

Alors

$$\left(\frac{\partial Y}{\partial X_1} \right)_{\substack{X_1 = 1 \\ X_2 = -2}} = 4 + (2)(1)(-2) = 4 - 4 = 0$$

$$\left(\frac{\partial Y}{\partial X_2} \right)_{\substack{X_1 = 1 \\ X_2 = -2}} = -2 + (1)^2 = -2 + 1 = -1.$$

EXEMPLE 3.3   Soit le modèle suivant:

$$Y = X_1^2 X_2^2 + 2X_1 e^{X_2}$$

Déterminer les dérivées partielles premières.

SOLUTION

$$\frac{\partial Y}{\partial X_1} = 2X_1 X_2^2 + 2e^{X_2}$$

$$\frac{\partial Y}{\partial X_2} = 2X_1^2 X_2 + 2X_1 e^{X_2}$$

3.3   INTERPRÉTATION GÉOMÉTRIQUE DES DÉRIVÉES PARTIELLES

La dérivée première d'une fonction d'une seule variable indépendante nous donnait la pente de la tangente en tout point de la courbe. Dans le cas d'un modèle à deux variables indépendantes, le graphique de la fonction sera une surface; supposons que cette surface est celle de la figure 3.1

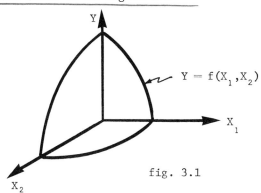

$$Y = f(X_1, X_2)$$

fig. 3.1

La dérivée partielle première représente aussi une pente. Considérons la figure 3.2; si un plan parallèle à l'axe Y et l'axe X_2 passe par le point P de la surface, il coupe la surface le long de la courbe APB. La pente de la tangente à la courbe APB au point P représente le taux de variation de Y par rapport à X_2, la variable X_1 demeurant constante.

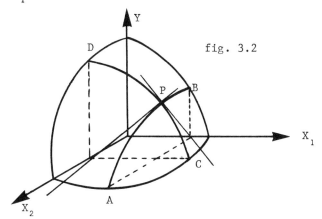

fig. 3.2

Il en est de même pour un plan parallèle à l'axe Y et l'axe X_1; il coupe la surface le long de la courbe CPD.

On peut donc écrire:

$$\frac{\partial Y}{\partial X_2} = \text{Pente de la tangente à la courbe APB au point P}$$

$\dfrac{\partial Y}{\partial X_1}$ = Pente de la tangente à la courbe CPD au point P

Les dérivées premières serviront donc à nouveau pour déterminer les extremums d'une fonction de plusieurs variables indépendantes.

3.4 DÉRIVÉES PARTIELLES D'ORDRES SUPÉRIEURS

On peut aussi définir, comme dans le cas d'une fonction d'une seule variable indépendante, les *dérivées partielles secondes:*

$$\frac{\partial^2 Y}{\partial X_1^2} = \frac{\partial}{\partial X_1}\left(\frac{\partial Y}{\partial X_1}\right)$$

$$\frac{\partial^2 Y}{\partial X_2^2} = \frac{\partial}{\partial X_2}\left(\frac{\partial Y}{\partial X_2}\right)$$

On peut aussi obtenir les *dérivées croisées* c.-à-d. la dérivée première par rapport à X_1 est dérivée ensuite par rapport à X_2; de même la dérivée première par rapport à X_2 est dérivée ensuite par rapport à X_1:

$$\frac{\partial^2 Y}{\partial X_2 \partial X_1} = \frac{\partial}{\partial X_2}\left(\frac{\partial Y}{\partial X_1}\right)$$

$$\frac{\partial^2 Y}{\partial X_1 \partial X_2} = \frac{\partial}{\partial X_1}\left(\frac{\partial Y}{\partial X_2}\right)$$

De plus, les dérivées partielles croisées (qui sont des dérivées partielles secondes) sont toujours égales:

$$\frac{\partial^2 Y}{\partial X_2 \partial X_1} = \frac{\partial^2 Y}{\partial X_1 \partial X_2}$$

Remarque. On peut continuer ainsi le processus de dérivation. Dans le cas d'une fonction de trois variables indépendantes, on obtient trois dérivées partielles premières, six dérivées partielles secondes et dix dérivées du troisième ordre et ainsi de suite...

EXEMPLE 3.4   Soit la fonction suivante:

$$Y = 125 + 3X_1 + 2X_2 + X_1^2 + 2X_2^2 - 4X_1X_2$$

Déterminer toutes les dérivées partielles premières et secondes.

SOLUTION

$$\frac{\partial Y}{\partial X_1} = 3 + 2X_1 - 4X_2$$

$$\frac{\partial Y}{\partial X_2} = 2 + 4X_2 - 4X_1$$

$$\frac{\partial^2 Y}{\partial X_1^2} = \frac{\partial}{\partial X_1}(3 + 2X_1 - 4X_2) = 2$$

$$\frac{\partial^2 Y}{\partial^2 X_2^2} = \frac{\partial}{\partial X_2}(2 + 4X_2 - 4X_1) = 4$$

$$\frac{\partial^2 Y}{\partial X_1 \partial X_2} = \frac{\partial}{\partial X_1}(2 + 4X_2 - 4X_1) = -4$$

$$\frac{\partial^2 Y}{\partial X_2 \partial X_1} = \frac{\partial}{\partial X_2}(3 + 2X_1 - 4X_2) = -4$$

EXEMPLE 3.5   Soit le modèle $Y = 4X_1^2 + \dfrac{5}{X_1} + \ln X_2$, $X_1 > 0$, $X_2 > 0$.
Déterminer

$$\frac{\partial^2 Y}{\partial X_1^2} \quad \text{et} \quad \frac{\partial^2 Y}{\partial X_2^2} \quad \text{au point } X_1 = 1,\ X_2 = 2.$$

SOLUTION

$$\frac{\partial Y}{\partial X_1} = 8X_1 - \frac{5}{X_1^2}\ ,\quad \frac{\partial^2 Y}{\partial X_1^2} = 8 + \frac{10}{X_1^3}$$

$$\frac{\partial Y}{\partial X_2} = \frac{1}{X_2}\ ,\quad \frac{\partial^2 Y}{\partial X_2^2} = -\frac{1}{X_2^2}$$

Au point $X_1 = 1$, $X_2 = 2$, on obtient

$$\left(\frac{\partial^2 Y}{\partial X_1^2}\right)_{\substack{X_1 = 1 \\ X_2 = 2}} = 8 + \frac{10}{(1)^3} = 18$$

$$\left(\frac{\partial^2 Y}{\partial X_2^2}\right)_{\substack{X_1 = 1 \\ X_2 = 2}} = -\frac{1}{(2)^2} = -\frac{1}{4}$$

Remarques. 1) Si $Y = f(X_1, X_2)$ représente une fonction de production qui permet de mettre en relation la quantité
d'un bien (**Y**) avec deux facteurs (X_1, X_2) de production (par exemple, main-d'oeuvre, matières premières, ...) alors

a) $\frac{\partial Y}{\partial X_1}$ représente la *productivité marginale* du

   facteur X_1

b) $\frac{\partial Y}{\partial X_2}$ représente la *productivité marginale du*

   facteur X_2

2) La productivité marginale d'un facteur de production est le taux de variation de la production totale à mesure que ce facteur varie, les autres
facteurs demeurant constants.

3.5 DÉTERMINATION DES EXTREMUMS D'UNE FONCTION DE DEUX VARIABLES INDÉPENDANTES

Avant de donner les conditions qui permettront de conclure
ou non à l'existence d'un extremum (maximum ou minimum), représentons à l'aide des figures suivantes les différents points critiques qui peuvent se présenter soit un minimum, un maximum ou un
col (ou point de selle).

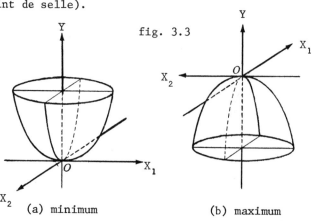

fig. 3.3

(a) minimum   (b) maximum

fig. 3.3

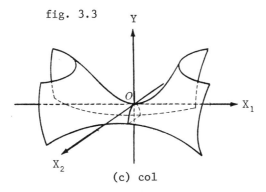

(c) col

Soit une fonction de deux variables indépendantes

$Y = f(X_1, X_2)$; nous résumons les conditions pour déterminer l'existence et la nature des points critiques comme suit.

Maximum local

1. $\dfrac{\partial Y}{\partial X_1} = 0, \quad \dfrac{\partial Y}{\partial X_2} = 0$

2. $D = \dfrac{\partial^2 Y}{\partial X_1^2} \cdot \dfrac{\partial^2 Y}{\partial X_2^2} - \dfrac{\partial^2 Y}{\partial X_2 \partial X_1} \cdot \dfrac{\partial^2 Y}{\partial X_1 \partial X_2} > 0$

3. $\dfrac{\partial^2 Y}{\partial X_1^2} < 0, \quad \dfrac{\partial^2 Y}{\partial X_2^2} < 0.$

Minimum local

1. $\dfrac{\partial Y}{\partial X_1} = 0, \quad \dfrac{\partial Y}{\partial X_2} = 0$

2. $D > 0$

3. $\dfrac{\partial^2 Y}{\partial X_1^2} > 0, \quad \dfrac{\partial^2 Y}{\partial X_2^2} > 0.$

Remarques. 1) La condition $D > 0$ est restrictive pour assurer que la fonction a un extremum non seulement dans la direction des axes X_1 et X_2 mais aussi dans toutes les directions.

2) L'expression de D est l'évaluation du déterminant suivant:

$$D = \begin{vmatrix} \dfrac{\partial^2 Y}{\partial X_1^2} & \dfrac{\partial^2 Y}{\partial X_1 \partial X_2} \\[3mm] \dfrac{\partial^2 Y}{\partial X_2 \partial X_1} & \dfrac{\partial^2 Y}{\partial X_2^2} \end{vmatrix}$$

Col

1. $\dfrac{\partial Y}{\partial X_1} = 0$, $\dfrac{\partial Y}{\partial X_2} = 0$

2. $D < 0$.

Aucune conclusion

1. $\dfrac{\partial Y}{\partial X_1} = 0$, $\dfrac{\partial Y}{\partial X_2} = 0$

2. $D = 0$

On doit alors examiner la fonction dans le voisinage du point critique pour se prononcer quant à sa nature.

EXEMPLE 3.6   On veut vérifier si la fonction

$$Y = f(X_1, X_2) = 5 + 4X_1 + 2X_2 - X_1 X_2 + 2X_1^2 + X_2^2$$

admet un extremum et dans ce cas, en déterminer la nature.

SOLUTION

Tout d'abord la fonction admet un extremum s'il existe des valeurs X_1^* et X_2^* pour lesquelles

$$\frac{\partial Y}{\partial X_1} = 0, \quad \frac{\partial Y}{\partial X_2} = 0, \quad D > 0.$$

$$\frac{\partial Y}{\partial X_1} = 4 - X_2 + 4X_1 = 0 \qquad 4X_1 - X_2 = -4$$

$$\frac{\partial Y}{\partial X_2} = 2 - X_1 + 2X_2 = 0 \qquad - X_1 + 2X_2 = -2$$

Résolvant ces deux équations, nous trouvons

$$X_1 = -\frac{10}{7}, \quad X_2 = -\frac{12}{7}$$

Déterminons ensuite les dérivées partielles secondes.

$$\frac{\partial^2 Y}{\partial X_1^2} = 4, \quad \frac{\partial^2 Y}{\partial X_2^2} = 2, \quad \frac{\partial^2 Y}{\partial X_2 \partial X_1} = \frac{\partial^2 Y}{\partial X_1 \partial X_2} = -1$$

Donc $D = (4)(2) - (-1)(-1) = 8 - 1 = 7 > 0$. Il existe donc un extremum pour $X_1 = -\dfrac{10}{7}$ et $X_2 = -\dfrac{12}{7}$.

Puisque $\dfrac{\partial^2 Y}{\partial X_1^2} = 4 > 0$ et $\dfrac{\partial^2 Y}{\partial X_2^2} = 2 > 0$, l'extremum de Y est un minimum.

La valeur de la fonction à $X_1 = -\dfrac{10}{7}$ et $X_2 = -\dfrac{12}{7}$ est

$$Y = 5 + 4(-\frac{10}{7}) + 2(-\frac{12}{7}) - (-\frac{10}{7})(-\frac{12}{7}) + 2(-\frac{10}{7})^2 + (-\frac{12}{7})^2$$

$$= 21$$

EXEMPLE 3.7   Déterminer la nature des points critiques de la fonction

$$Y = f(X_1, X_2) = 20 + 4X_1 + 6X_2 + X_1^2 - X_2^2 - 4X_1X_2 + X_1^3$$

SOLUTION

Déterminons d'abord les valeurs de X_1 et X_2 qui rendent nulles les dérivées partielles premières.

$$\frac{\partial Y}{\partial X_1} = 4 + 2X_1 - 4X_2 + 3X_1^2 = 0$$

$$\frac{\partial Y}{\partial X_2} = 6 - 2X_2 - 4X_1 = 0$$

Exprimons X_2 en fonction de X_1 avec la deuxième équation; on obtient

$$4 + 2X_1 - 4(-2X_1 + 3) + 3X_1^2 = 0, \quad \text{d'où}$$

$$3X_1^2 + 10X_1 - 8 = 0$$

Pour déterminer les valeurs de X_1, nous devons utiliser la formule de la page 10 (forme quadratique) :

$$X_1 = \frac{-10 \pm \sqrt{100 - 4(3)(-8)}}{6} = \frac{-10 \pm \sqrt{196}}{6}$$

$$= \frac{-10 \pm 14}{6}$$

On obtient donc deux valeurs de X_1:

$$X_1 = \frac{-10 + 14}{6} = \frac{2}{3}, \quad X_1 = \frac{-10 - 14}{6} = -4$$

Déterminons les valeurs correspondantes pour X_2:

$$X_2 = -2X_1 + 3 = -2(\frac{2}{3}) + 3 = \frac{5}{3}$$

$$X_2 = -2(-4) + 3 = 11$$

Les deux points critiques sont

$$(X_1 = \frac{2}{3} , X_2 = \frac{5}{3}) , \quad (X_1 = -4, X_2 = 11)$$

Evaluons D pour chacun de ces points.

$$\frac{\partial^2 Y}{\partial X_1^2} = \frac{\partial}{\partial X_1} (4 + 2X_1 - 4X_2 + 3X_1^2) = 2 + 6X_1$$

$$\frac{\partial^2 Y}{\partial X_2^2} = \frac{\partial}{\partial X_2} (6 - 2X_2 - 4X_1) = -2$$

$$\frac{\partial^2 Y}{\partial X_2 \partial X_1} = \frac{\partial^2 Y}{\partial X_1 \partial X_2} = -4$$

Pour le point $(X_1 = \frac{2}{3} , X_2 = \frac{5}{3})$,

$$\frac{\partial^2 Y}{\partial X_1^2} = 2 + 6X_1 = 2 + 6(\frac{2}{3}) = 6;$$

Alors $D = \dfrac{\partial^2 Y}{\partial X_1^2} \cdot \dfrac{\partial^2 Y}{\partial X_2^2} - \dfrac{\partial^2 Y}{\partial X_2 \partial X_1} \dfrac{\partial^2 Y}{\partial X_1 \partial X_2} = (6)(-2) - (-4)(-4)$

$$= -12 - 16 = -28$$

Puisque $D < 0$, le point critique $(\frac{2}{3}, \frac{5}{3})$ est un col.

Examinons maintenant le deuxième point critique $(-4, 11)$.

$$\frac{\partial^2 Y}{\partial X_1^2} = 2 + 6X_1 = 2 + 6(-4) = -22 \quad \text{et}$$

$D = (-22)(-2) - (-4)(-4) = 44 - 16 = 28.$

Puisque $D > 0$, la fonction admet un extremum.

De plus $\dfrac{\partial^2 Y}{\partial X_1^2} = -22 < 0, \quad \dfrac{\partial^2 Y}{\partial X_2^2} = -2 < 0,$

L'extremum est un maximum.

On peut vérifier que la valeur de la fonction au point critique $(X_1 = \frac{2}{3}, X_2 = \frac{5}{3})$ est

$$Y = \frac{707}{27} \simeq 26,185$$

et celle au point $(X_1 = -4, X_2 = 11)$ est

$$Y = 77$$

3.6 OPTIMISATION DE LA FONCTION DE PROFIT: ENTREPRISE LES JOUETS

Supposons cette fois que l'entreprise Les Jouets désire mettre sur le marché deux nouveaux jouets dont les fonctions de demande sont les suivantes:

$$\begin{cases} X_1 = 8\ 000 - 500p_1 \\ X_2 = 6\ 000 - 400p_2 \end{cases}$$

où X_1 et X_2 représentent la demande de chacun des jouets pour les différents prix p_1 et p_2.

La production de ces deux jouets va s'effectuer avec le même équipement et la même main-d'oeuvre; la fonction conjointe des coûts de production est

$$C = 4\ 000 + 3X_1 + 2X_2.$$

A l'aide de ces modèles, l'entreprise veut déterminer les prix de vente qui vont maximiser la fonction de profit.

Déterminons d'abord la fonction du revenu:

$$R = p_1X_1 + p_2X_2 = 8\ 000p_1 - 500p_1^2 + 6\ 000p_2 - 400p_2^2$$

Exprimant la fonction des coûts de production par rapport aux prix p_1 et p_2, on trouve

$$\begin{aligned} C &= 4\ 000 + 3(8\ 000 - 500p_1) + 2(6\ 000 - 400p_2) \\ &= 4\ 000 + 24\ 000 - 1\ 500p_1 + 12\ 000 - 800p_2 \\ &= 40\ 000 - 1\ 500p_1 - 800p_2. \end{aligned}$$

La fonction de profit s'écrit:

$$\begin{aligned} P = R - C &= 8\ 000p_1 - 500p_1^2 + 6\ 000p_2 - 400p_2^2 - 40\ 000 \\ &\quad + 1\ 500p_1 + 800p_2 \\ &= -40\ 000 + 9\ 500p_1 + 6\ 800p_2 - 500p_1^2 - 400p_2^2. \end{aligned}$$

C'est cette fonction que l'on veut optimiser.

Les valeurs de p_1 et p_2 qui maximisent la fonction de profit doivent respecter les conditions suivantes:

1. $\dfrac{\partial P}{\partial p_1} = 0, \quad \dfrac{\partial P}{\partial p_2} = 0$

2. $D = \dfrac{\partial^2 P}{\partial p_1^2} \cdot \dfrac{\partial^2 P}{\partial p_2^2} - \dfrac{\partial^2 P}{\partial p_2 \partial p_1} \cdot \dfrac{\partial^2 P}{\partial p_1 \partial p_2} > 0$

3. $\dfrac{\partial^2 P}{\partial p_1^2} < 0, \quad \dfrac{\partial^2 P}{\partial p_2^2} < 0.$

On obtient pour les dérivées partielles premières,

$$\frac{\partial P}{\partial p_1} = 9\ 500 - 1\ 000 p_1$$

$$\frac{\partial P}{\partial p_2} = 6\ 800 - 800 p_2$$

Les valeurs de p_1 et p_2 qui annulent les dérivées premières sont:

$$9\ 500 - 1\ 000 p_1 = 0, \quad p_1 = \$9,50$$
$$6\ 800 - 800 p_2 = 0, \quad p_2 = \$8,50$$

Déterminons les dérivées partielles secondes; on trouve

$$\frac{\partial^2 P}{\partial p_1^2} = -1\ 000, \quad \frac{\partial^2 P}{\partial p_2^2} = -800, \quad \frac{\partial^2 P}{\partial p_2 \partial p_1} = \frac{\partial^2 P}{\partial p_1 \partial p_2} = 0$$

Donc $\qquad D = (-1\ 000)(-800) - (0)(0) = 800\ 000 > 0.$

Puisque $\dfrac{\partial^2 P}{\partial p_1^2} = -1\ 000 < 0$ et $\dfrac{\partial^2 P}{\partial p_2^2} = -800 < 0,$

les prix $p_1 = \$9,50$ et $p_2 = \$8,50$ maximisent la fonction de profit.

Pour ces prix, la demande anticipée pour chacun des jouets est

$$X_1 = 8\ 000 - (500)(9,50) = 8\ 000 - 4\ 750 = 3\ 250 \text{ unités}$$

et

$$X_2 = 6\ 000 - (400)(8,50) = 6\ 000 - 3\ 400 = 2\ 600 \text{ unités.}$$

Avec ce volume de ventes, le bénéfice d'exploitation de l'entreprise sera $34 025.

3.7 OPTIMISATION AVEC CONTRAINTE: MÉTHODE DU MULTIPLICATEUR DE LAGRANGE

Dans plusieurs applications, le problème de maximisation ou minimisation d'une fonction comporte aussi une contrainte que doivent respecter les valeurs des variables X_1, X_2.

Le problème d'optimisation qui se pose dans un tel cas est le suivant:

Maximiser ou minimiser

$$Y = f(X_1, X_2)$$

avec la contrainte

$$g(X_1, X_2) = b, \quad [\text{ou } g(X_1, X_2) - b = 0]$$

Par exemple, minimiser $Y = 2X_1 + 3X_2 + 4X_1 X_2$

avec la contrainte $X_1 + 2X_2 = 50$

$$(\text{ou} \quad X_1 + 2X_2 - 50 = 0)$$

Il s'agit de déterminer (X_1^*, X_2^*) de façon telle que $Y = f(X_1^*, X_2^*)$ est optimale (maximale ou minimale) tout en satisfaisant la contrainte $g(X_1^*, X_2^*) = b$.

La méthode la plus courante pour déterminer les valeurs X_1^*, X_2^* est celle du *multiplicateur de Lagrange*[1]

Nous formons d'abord une nouvelle fonction appelée le *Lagrangien*, ou fonction de Lagrange[2].

$$\longrightarrow F(X_1, X_2, \lambda) = f(X_1, X_2) - \lambda[g(X_1, X_2) - b]$$

où λ est une variable auxiliaire appelée multiplicateur de Lagrange.

Les conditions nécessaires pour obtenir un extremum sont:

$$\longrightarrow \frac{\partial F}{\partial X_1} = 0, \quad \frac{\partial F}{\partial X_2} = 0, \quad \frac{\partial F}{\partial \lambda} = -[g(X_1, X_2) - b] = 0$$

On obtient alors un système de 3 équations à 3 inconnues, X_1, X_2 et λ:

$$\frac{\partial F}{\partial X_1} = \frac{\partial f(X_1, X_2)}{\partial X_1} - \frac{\lambda \, \partial g(X_1, X_2)}{\partial X_1} = 0$$

$$\frac{\partial F}{\partial X_2} = \frac{\partial f(X_1, X_2)}{\partial X_2} - \frac{\lambda \, \partial g(X_1, X_2)}{\partial X_2} = 0$$

---

[1] Joseph Louis Lagrange (1736-1813)

[2] $F(X_1, X_2, \lambda) = f(X_1, X_2) - \lambda(0)$ puisque $g(X_1, X_2) - b = 0$; alors les extremums de F seront aussi ceux de f.

$$\frac{\partial F}{\partial \lambda} = -[g(X_1, X_2) - b] = 0.$$

En résolvant ce système, on obtient les valeurs X_1^*, X_2^*, λ^*. On peut déterminer la valeur de l'extremum en substituant (X_1^*, X_2^*) directement dans la fonction $f(X_1, X_2)$. En examinant la fonction dans le voisinage de (X_1^*, X_2^*), on pourra alors conclure soit à un maximum, soit à un minimum.

Remarques. 1) Pour ceux qui sont familiers avec les déterminants les conditions suffisantes pour déterminer la nature de l'extremum sont les suivantes:
On obtient un *maximum local* si

$$\Delta = \begin{vmatrix} \dfrac{\partial^2 F}{\partial X_1^2} & \dfrac{\partial^2 F}{\partial X_1 \partial X_2} & \dfrac{\partial^2 F}{\partial X_1 \partial \lambda} \\[3mm] \dfrac{\partial^2 F}{\partial X_2 \partial X_1} & \dfrac{\partial^2 F}{\partial X_2^2} & \dfrac{\partial^2 F}{\partial X_2 \partial \lambda} \\[3mm] \dfrac{\partial^2 F}{\partial \lambda \partial X_1} & \dfrac{\partial^2 F}{\partial \lambda \partial X_2} & \dfrac{\partial^2 F}{\partial \lambda^2} \end{vmatrix} > 0$$

et un *minimum local si* $\Delta < 0$.

2) Ce déterminant est appelé le *Hessien bordé*.

EXEMPLE 3,8   On veut maximiser la fonction

$$Y = f(X_1, X_2) = 5X_1 X_2$$

soumise à la contrainte

$$X_1 + 2X_2 = 20$$

SOLUTION

Utilisons la méthode du multiplicateur de Lagrange pour optimiser cette fonction. Le Lagrangien s'écrit:

$$F(X_1, X_2, \lambda) = 5X_1 X_2 - \lambda(X_1 + 2X_2 - 20)$$

En appliquant les conditions nécessaires, on obtient:

$$\frac{\partial F}{\partial X_1} = 5X_2 - \lambda = 0$$

$$\frac{\partial F}{\partial X_2} = 5X_1 - 2\lambda = 0$$

$$\frac{\partial F}{\partial \lambda} = -(X_1 + 2X_2 - 20) = 0.$$

Des deux premières équations, on obtient:

$$X_2 = \frac{\lambda}{5}, \quad X_1 = \frac{2\lambda}{5}$$

Substituant ces valeurs dans la troisième équation, on trouve

$$\frac{2\lambda}{5} + \frac{2\lambda}{5} - 20 = 0$$

$$\frac{4\lambda}{5} = 20, \quad 4\lambda = 100, \quad \lambda = 25$$

D'où $X_1 = \frac{(2)(25)}{5} = 10, \quad X_2 = \frac{25}{5} = 5.$

Il existe donc un seul point qui optimise la fonction économique soit $X_1 = 10$, $X_2 = 5$. Substituant ce point dans $Y = 5X_1X_2$, on obtient

$$Y = (5)(10)(5) = 250.$$

Pour vérifier si nous obtenons bien le maximum, utilisons un autre point qui respecte la contrainte $X_1 + 2X_2 = 20$. En posant $X_1 = 11$ on a $X_2 = 4,5$ et $Y = (5)(11)(4,5) = 247,5$. Il en est de même avec le point $X_1 = 9$, $X_2 = 5,5$ où $Y = 247,5$

Le point $X_1 = 10$, $X_2 = 5$ est donc un maximum.

Si nous évaluons Δ, on obtient $\Delta = 20 > 0$, donc un maximum.

La solution graphique à ce problème (qui en est un de programmation non linéaire) est présentée à la figure 3.4.

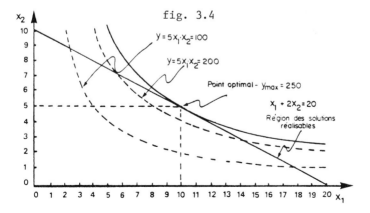

fig. 3.4

Autre méthode de résolution: substitution

Puisque la contrainte est linéaire et permet alors d'exprimer facilement une variable en fonction d'une autre, nous pouvons écrire

$$X_1 = 20 - 2X_2.$$

Substituant dans $Y = 5X_1 X_2$, on obtient une fonction d'une seule variable indépendante:

$$Y = 5(20 - 2X_2)X_2 = 100X_2 - 10X_2^2.$$

On peut déterminer alors le point extremum à l'aide du test de la dérivée seconde:

$$\frac{dY}{dX_2} = 100 - 20X_2$$
$$= 0 \quad \text{si} \quad 20X_2 = 100$$
$$X_2 = 5$$

Alors $X_1 = 20 - 2(5) = 10$. Le point critique est $X_1 = 10$, $X_2 = 5$.

Puisque $\dfrac{d^2Y}{dX_2^2} = -20 < 0$, il est un maximum.

Toutefois, si la contrainte est non linéaire, on pourra difficilement isoler une variable en fonction d'une autre; la méthode du multiplicateur de Lagrange est alors appropriée.

EXEMPLE 3.9   On veut optimiser la fonction

$$Y = f(X_1, X_2) = -X_1^2 - 4X_2^2 + 16X_1 X_2$$

soumise à la contrainte $X_1 + X_2 = 21$.

SOLUTION

La fonction de Lagrange est

$$F(X_1, X_2, \lambda) = -X_1^2 - 4X_2^2 + 16X_1 X_2 - \lambda(X_1 + X_2 - 21).$$

Les dérivées partielles premières sont:

$$\frac{\partial F}{\partial X_1} = -2X_1 + 16X_2 - \lambda = 0$$

$$\frac{\partial F}{\partial X_2} = -8X_2 + 16X_1 - \lambda = 0$$

$$\frac{\partial F}{\partial \lambda} = -(X_1 + X_2 - 21) = 0$$

Des deux premières équations, on obtient

$$- 2X_1 + 16X_2 = \lambda$$
$$16X_1 - 8X_2 = \lambda$$

D'où l'on trouve

$$X_1 = \frac{1}{10}\lambda, \quad X_2 = \frac{3}{40}\lambda$$

Substituant dans $X_1 + X_2 - 21 = 0$, on a

$$\frac{1}{10}\lambda + \frac{3}{40}\lambda = 21, \quad 7\lambda = 840$$

$$\lambda = 120$$

Alors $X_1 = \dfrac{120}{10} = 12$ et $X_2 = \dfrac{3(120)}{40} = 9$

Pour déterminer la nature de ce point critique, procédons de façon plus générale.

Soit le point $(X_1 + h, X_2 + k)$ dans le voisinage du point critique (X_1^*, X_2^*). Déterminons h et k de façon telle que
$$g(X_1^* + h, X_2^* + k) = (X_1^* + h) + (X_2^* + k) = 21$$
Les valeurs de h et k peuvent être négatives ou positives.
On obtient, avec $X_1^* = 12$ et $X_2^* = 9$,

$$(12 + h) + (9 + k) = 21,$$
$$h + k = 0$$
Donc $\qquad\qquad h = -k$.

Examinons maintenant
$$f(X_1^* + h, X_2^* + k) - f(X_1^*, X_2^*)$$
$$f(X_1^* + h, X_2^* + k) = f(12 + h, 9 + k) = f(12 - k, 9 + k)$$
$$f(12-k, 9 + k) = -(12 - k)^2 - 4(9 + k)^2 + 16(12 - k)(9 + k)$$
$$= 1\,260 - 21k^2$$
$$f(X_1^*, X_2^*) = f(12, 9) = 1\,260$$
Donc $f(X_1^* + h, X_2^* + k) - f(X_1^*, X_2^*) = -21k^2 < 0$, quel que soit k.

Donc le point $(12, 9)$ est un maximum

En général,

si $f(X_1^* + h, X_2^* + k) < f(X_1^*, X_2^*)$, nous avons un maximum

et

si $f(X_1^* + h, X_2^* + k) > f(X_1^*, X_2^*)$, le point (X_1^*, X_2^*) est un minimum.

Remarque. Les conditions d'optimisation d'un modèle à deux variables indépendantes soumis à une contrainte <<égali-
té>> sont parfois énoncées de la façon suivante:

1. $\dfrac{\partial F}{\partial X_1} = 0, \quad \dfrac{\partial F}{\partial X_2} = 0$

et

$$D = \dfrac{\partial^2 F}{\partial X_1^2} \cdot \dfrac{\partial^2 F}{\partial X_2^2} - \dfrac{\partial^2 F}{\partial X_1 \partial X_2} \cdot \dfrac{\partial^2 F}{\partial X_2 \partial X_1}$$

2. Si $D > 0$, le point (X_1^*, X_2^*) est un maximum si

$$\dfrac{\partial^2 F}{\partial X_1^2} < 0 \quad \text{et} \quad \dfrac{\partial^2 F}{\partial X_2^2} < 0$$

et
un minimum si $\dfrac{\partial^2 F}{\partial X_1^2} > 0$ et $\dfrac{\partial^2 F}{\partial X_2^2} > 0.$

3. Si $D \leq 0$, nous devons examiner la fonction dans le
voisinage du point critique comme indiqué à l'exemple 3.9.

EXEMPLE 3.10   Optimiser la fonction

$$Y = f(X_1, X_2) = 3X_1^2 + 3X_2^2 - 4X_1 X_2$$

soumise à la contrainte

$$2X_1 + X_2 = 21$$

SOLUTION

Le Lagrangien est

$$F(X_1, X_2, \lambda) = 3X_1^2 + 3X_2^2 - 4X_1 X_2 - \lambda(2X_1 + X_2 - 21)$$

Appliquons les conditions d'optimisation que nous venons de mentionner en remarque:

$$\dfrac{\partial F}{\partial X_1} = 6X_1 - 4X_2 - 2\lambda = 0, \quad 6X_1 - 4X_2 = 2\lambda$$

$$\dfrac{\partial F}{\partial X_2} = 6X_2 - 4X_1 - \lambda = 0, \quad -4X_1 + 6X_2 = \lambda.$$

En résolvant, on trouve $X_1 = \dfrac{7}{10}\lambda, \quad X_2 = \dfrac{7}{10}\lambda$

Substituant dans $2X_1 + X_2 = 21$, on obtient

$$\dfrac{14\lambda}{10} + \dfrac{7\lambda}{10} = 21, \quad 21\lambda = 210, \quad \lambda = 10$$

Alors $X_1 = X_2 = 7.$

Déterminons les dérivées secondes.

$$\frac{\partial^2 F}{\partial X_1^2} = 6, \quad \frac{\partial^2 F}{\partial X_2^2} = 6, \quad \frac{\partial^2 F}{\partial X_1 \partial X_2} = \frac{\partial^2 F}{\partial X_2 \partial X_1} = -4$$

Donc $D = (6)(6) - (-4)(-4) = 36 - 16 = 20 > 0$.

Il existe donc un extremum. Puisque

$$\frac{\partial^2 F}{\partial X_1^2} = 6 > 0 \qquad \frac{\partial^2 F}{\partial X_2^2} = 6 > 0, \quad \text{l'extremum } X_1 = 7, \ X_2 = 7 \text{ est un}$$

minimum et donc la valeur minimale de Y est

$$\begin{aligned} Y_{min} &= (3)(7)^2 + 3(7)^2 - (4)(7)(7) \\ &= 147 + 147 - 196 \\ &= 98 \end{aligned}$$

3.8   INTERPRÉTATION ÉCONOMIQUE DU MULTIPLICATEUR DE LAGRANGE

Posons d'abord la question suivante: *si nous faisons varier la valeur de b dans la contrainte* $g(X_1, X_2) = b$, *quelle en sera la conséquence sur la valeur optimale de la fonction* $f(X_1, X_2)$?

Ceux qui ont déjà étudié la *programmation linéaire* savent qu'à chaque contrainte, dans le problème de programmation linéaire, est associée une variable duale. A l'optimum, la variable duale donne la valeur marginale de la ressource lorsqu'on dispose d'une unité supplémentaire de b et permet par conséquent de déterminer l'augmentation correspondante de la valeur de la fonction (fonction économique).

Le multiplicateur de Lagrange s'interprète d'une façon similaire. En effet, dans le cas d'un extremum ($D > 0$) et lorsque $\lambda > 0$, la contrainte est restrictive c.-à-d. toute variation de b fera varier la valeur optimale de la fonction. Toutefois puisque la fonction à optimiser $f(X_1, X_2)$ est non linéaire, λ ne représente alors que la *valeur marginale approximative* lorsqu'on dispose d'une unité additionnelle de b (b peut être par exemple un montant alloué en publicité, un budget que l'on doit répartir dans différentes activités de l'entreprise, ...)

3.9 ENTREPRISE LES JOUETS: OPTIMISATION AVEC LIMITATION DE LA CAPACITÉ DE PRODUCTION

L'utilité du multiplicateur de Lagrange sera plus explicite en considérant la situation suivante.

Nous avons déterminé à la section 3.6, les prix optimums ainsi que les niveaux de production des deux jouets que l'entreprise veut mettre sur le marché. Supposons cette fois que le nombre total de jouets que l'entreprise peut fabriquer est de 4 950 unités.

Le problème de l'entreprise est maintenant de déterminer le nombre optimal de chaque jouet à fabriquer, nombre qui maximisera le profit tout en respectant la contrainte de capacité de production

$$X_1 + X_2 = 4\ 950, \quad [g(X_1, X_2) = b]$$

De la section 3.6, on a

$$X_1 = 8\ 000 - 500p_1$$
$$X_2 = 6\ 000 - 400p_2$$

et

$$C = 4\ 000 + 3X_1 + 2X_2$$

Il faut maintenant exprimer la fonction de profit en fonction des quantités X_1 et X_2.

Tout d'abord, des équations de la demande, on obtient

$$500p_1 = 8\ 000 - X_1, \quad \text{alors}$$
$$p_1 = 16 - \frac{X_1}{500}$$

De même,

$$400p_2 = 6\ 000 - X_2$$

et

$$p_2 = 15 - \frac{X_2}{400}$$

La fonction revenu s'écrit donc

$$R = p_1 X_1 + p_2 X_2 = (16 - \frac{X_1}{500})\ X_1 + (15 - \frac{X_2}{400})\ X_2$$

$$R = 16X_1 - \frac{X_1^2}{500} + 15X_2 - \frac{X_2^2}{400}$$

D'où la fonction de profit est

$$P = R - C$$

$$= 16X_1 - \frac{X_1^2}{500} + 15X_2 - \frac{X_2^2}{400} - 4\,000 - 3X_1 - 2X_2$$

$$= -4\,000 + 13X_1 + 13X_2 - \frac{X_1^2}{500} - \frac{X_2^2}{400}$$

Le problème d'optimisation consiste donc à déterminer les valeurs de X_1 et X_2 qui maximisent la fonction de profit P tout en respectant la contrainte $X_1 + X_2 = 4\,950$.

Utilisons la méthode du multiplicateur de Lagrange.

Le Lagrangien est:

$$F = -4\,000 + 13X_1 + 13X_2 - \frac{X_1^2}{500} - \frac{X_2^2}{400} - \lambda(X_1 + X_2 - 4\,950).$$

Les dérivées partielles du premier ordre sont:

$$\frac{\partial F}{\partial X_1} = 13 - \frac{2X_1}{500} - \lambda = 0,$$

$$\frac{\partial F}{\partial X_2} = 13 - \frac{2X_2}{400} - \lambda = 0,$$

$$\frac{\partial F}{\partial \lambda} = -(X_1 + X_2 - 4\,950) = 0.$$

Des deux premières équations, on obtient

$$X_1 = 250(13 - \lambda) = 3\,250 - 250\lambda$$

$$X_2 = 200(13 - \lambda) = 2\,600 - 200\lambda$$

Substituant dans la troisième équation

$$X_1 + X_2 - 4\,950 = 0,$$

on obtient

$$(3\,250 - 250\lambda) + (2\,600 - 200\lambda) = 4\,950$$

$$5\,850 - 450\lambda = 4\,950$$

$$450\lambda = 900$$

$$\lambda = 2$$

Donc

$$X_1 = 3\,250 - (250)(2) = 2\,750 \text{ unités}$$

$$X_2 = 2\,600 - (200)(2) = 2\,200 \text{ unités}$$

Vérifions si cet extremum est bien un maximum.

$$\frac{\partial^2 F}{\partial X_1^2} = -\frac{1}{250}, \quad \frac{\partial^2 F}{\partial X_2^2} = -\frac{1}{200}, \quad \frac{\partial^2 F}{\partial X_1 \partial X_2} = \frac{\partial^2 F}{\partial X_2 \partial X_1} = 0$$

$$D = \left[-\frac{1}{250}\right]\left[-\frac{1}{200}\right] - (0) = \frac{1}{(250)(200)} \quad > 0$$

Donc, nous avons un maximum.

Les niveaux de production optimum pour les deux jouets sont:

$$X_1 = 2\ 750$$

et

$$X_2 = 2\ 200$$

Les prix de vente correspondants sont:

$$P_1 = 16 - \frac{2\ 750}{500} = 16 - 5,5 = \$10,50$$

et

$$P_2 = 15 - \frac{2\ 200}{400} = 16 - 5,5 = \$\ 9,50$$

Dans ces conditions, on peut vérifier que le profit maximum est \$33 125, ce qui est moindre que celui obtenu à la section 3.6.

Toutefois le multiplicateur de Lagrange nous indique que le bénéfice d'exploitation augmentera approximativement de \$2 ($\lambda = 2$) si la capacité de production passe de 4 950 à 4 951 jouets.

Détermination du niveau optimal de la capacité de production

On peut maintenant se poser la question suivante: existe-t-il une valeur de b qui assurerait un bénéfice d'exploitation optimum?

Comparons nos résultats avec et sans limitation de la capacité de production:

Sans contrainte	Avec contrainte
P_1 = \$9,50	P_1 = \$10,50
P_2 = \$8,50	P_2 = \$ 9,50
X_1 = 3 250	X_1 = 2 750
X_2 = 2 600	X_2 = 2 200
P_{max} = \$34 025	P_{max} = \$33 125
λ = 0	λ = 2

S'il n'existe aucune contrainte de production, ce qui est équivalent à avoir $\lambda = 0$, alors

$$X_1 = 250(13 - \lambda) = (250)(13) = 3\ 250$$
$$X_2 = 200(13 - \lambda) = (200)(13) = 2\ 600$$

Dans ce cas, nous pourrions écrire $X_1 + X_2 = 5\ 850$.

Mais cette contrainte $X_1 + X_2 = 5\ 850$ n'est pas restrictive; en effet

$$5\ 850 - 450\lambda = 5\ 850$$
$$450\lambda = 0$$
$$\lambda = 0$$

La valeur $b = 5\ 850$ est optimale.

Multiplicateur de Lagrange de signe négatif

Supposons maintenant que la capacité de production est de 6 000 jouets, $X_1 + X_2 = 6\ 000$.

D'après les résultats obtenus précédemment, nous sommes au-dessus du niveau optimal ($b = 5\ 850$) de la capacité de production. Toutefois les relations suivantes sont toujours valides:

$$X_1 = 250(13 - \lambda) \quad \text{et} \quad X_2 = 200(13 - \lambda)$$

Substituant dans $X_1 + X_2 = 6\ 000$, on obtient

$$5\ 850 - 450\lambda = 6\ 000$$
$$\lambda = -\frac{15}{45} = -\frac{1}{3}$$

Dans ce cas, le multiplicateur de Lagrange (valeur marginale approximative) est négatif. Ceci est une conséquence logique du fait que nous avons dépassé le niveau optimal de la capacité de production; dans ce cas le bénéfice est moindre. Avec $\lambda = -\frac{1}{3}$, on obtient:

$$X_1 = 250(13 + \frac{1}{3}) \sim 3\ 333$$
$$X_2 = 200(13 + \frac{1}{3}) \sim 2\ 667$$
$$P_1 = 16 - \frac{3\ 333}{500} = \$9,33$$
$$P_2 = 15 - \frac{2\ 667}{400} = \$8,33$$

et le bénéfice de l'entreprise est $33 980.

Dans un tel cas ($\lambda < 0$), une meilleure politique de production sera obtenue (un bénéfice d'exploitation supérieur) en optimisant la fonction de profit sans tenir compte de la contrainte $g(X_1,X_2) = b$.

En conclusion, on peut dire que si, dans la fonction

$$F = f(X_1,X_2) - \lambda[g(X_1,X_2) - b],$$

$\lambda > 0$, une augmentation (diminution) marginale de b aura pour effet d'accroître (diminuer) la valeur optimale de la fonction $f(X_1,X_2)$.

$\lambda = 0$, la valeur de b peut être à son niveau optimum; ceci dépend de la fonction à optimiser.

$\lambda < 0$, une réduction (augmentation) marginale de b aura pour effet d'augmenter (diminuer) la valeur optimale de la fonction $f(X_1,X_2)$.

3.10 DÉTERMINATION DES VALEURS OPTIMALES EN FONCTION DE b

Il peut être intéressant d'exprimer Y, X_1, X_2 et λ en fonction de b, le second membre de la contrainte. Pour différentes valeurs de b, on peut alors obtenir immédiatement les valeurs optimales sans appliquer à nouveau toute la méthode d'optimisation. De plus, l'expression de Y en fonction de b peut permettre d'obtenir le niveau optimal de b, s'il existe. Illustrons ceci avec un exemple.

EXEMPLE 3.11 Utilisons la fonction de l'exemple 3.9 où nous avons obtenu un maximum. On veut donc maximiser la fonction

$$Y = f(X_1,X_2) = -X_1^2 - 4X_2^2 + 16X_1X_2$$

sujette à la contrainte

$$X_1 + X_2 = b.$$

SOLUTION

Des dérivées partielles premières, on a trouvé que

$$X_1 = \frac{1}{10} \lambda, \quad X_2 = \frac{3}{40} \lambda$$

Substituant dans $X_1 + X_2 = b$, on obtient

$$\frac{1}{10} \lambda + \frac{3}{40} \lambda = b$$

$$\frac{7}{40} \lambda = b$$

$$\lambda = \frac{40}{7} b$$

D'où $\quad X_1 = \frac{1}{10} \cdot \frac{40}{7} b = \frac{4}{7} b$

et

$$X_2 = \frac{3}{40} \cdot \frac{40}{7} b = \frac{3}{7} b$$

(Si $b = 21$, nous savons que $X_1 = 12$, $X_2 = 9$).
Substituons les expressions de X_1 et X_2 dans
$Y = -X_1^2 - 4X_2^2 + 16X_1X_2$, on trouve

$$Y = - (\frac{4}{7} b)^2 - 4(\frac{3}{7} b)^2 + 16(\frac{4}{7} b)(\frac{3}{7} b)$$

$$Y_{max} = - \frac{16}{49} b^2 - \frac{36}{49} b^2 + \frac{192}{49} b^2 = \frac{140}{49} b^2 = \frac{20}{7} b^2$$

De plus, le taux de variation de Y par rapport à b est

$$\frac{dY}{db} = \frac{280b}{49} = \frac{40b}{7} = \lambda, \text{ le multiplicateur de Lagrange.}$$

Faisons varier b, on obtient alors les valeurs suivantes:

$b = 0$	$b = 7$	$b = 21$	$b = 35$	$b = 42$
$\lambda = 0$	$\lambda = 40$	$\lambda = 120$	$\lambda = 200$	$\lambda = 240$
$X_1 = 0$	$X_1 = 4$	$X_1 = 12$	$X_1 = 20$	$X_1 = 24$
$X_2 = 0$	$X_2 = 3$	$X_2 = 9$	$X_2 = 15$	$X_2 = 18$
$Y = 0$	$Y = 140$	$Y = 1\,260$	$Y = 3\,500$	$Y = 5\,040$

Nous remarquons qu'à mesure que b augmente, la valeur maximale de Y augmente et il en est de même pour le taux de variation de Y par rapport à b.

EXEMPLE 3.12   Indiquons une autre façon d'obtenir la valeur optimale de b, dans la contrainte de capacité de production, qui maximise la fonction de profit de l'entreprise Les Jouets, section
3.9.   On veut donc maximiser la fonction

$$P = -4\ 000 + 13X_1 + 13X_2 - \frac{X_1^2}{500} - \frac{X_2^2}{400}$$

soumise à la contrainte

$$X_1 + X_2 = b.$$

SOLUTION

Nous savons que $X_1 = 3\ 250 - 250\lambda$ et $X_2 = 2\ 600 - 200\lambda$

Substituant dans la contrainte, on obtient

$$5\ 850 - 450\lambda = b$$

$$\lambda = 13 - \frac{b}{450}$$

Exprimant X_1 et X_2 en fonction de b, on obtient

$$X_1 = 3\ 250 - 250(13 - \frac{b}{450}) = \frac{5}{9}\ b$$

$$X_2 = 2\ 600 - 200(13 - \frac{b}{450}) = \frac{4}{9}\ b$$

Substituant ces valeurs dans la fonction de profit, on trouve

$$P = -4\ 000 + \frac{117b}{9} - \frac{2,25b^2}{2\ 025}$$

Pour obtenir la valeur de b qui maximise P, il s'agit simplement
d'appliquer le test de la dérivée seconde du chapitre 2.   Donc

$$\frac{dP}{db} = \frac{117}{9} - \frac{4,5b}{2\ 025} = 13 - \frac{b}{450} = \lambda$$

Annulant la dérivée première, on obtient

$$\frac{117}{9} - \frac{4,5b}{2\ 025} = 0$$

$$b = \frac{(2\ 025)(117)}{(9)(4,5)} = 5\ 850 \text{ et qui annule}$$

par conséquent le multiplicateur de Lagrange.

La dérivée seconde est

$$\frac{d^2P}{db^2} = -\frac{4,5}{2\ 025} < 0 \quad \text{qui nous assure un maximum.}$$

On trouve les autres valeurs optimales en substituant b = 5 850
dans les expressions correspondantes, ce qui donnera les mêmes résultats qu'à la page 104.

3.11 GÉNÉRALISATION DE LA MÉTHODE DES MULTIPLICATEURS DE LAGRANGE

Généralisation à n variables indépendantes

Cette méthode peut se généraliser à une fonction de n variables $f(X_1, X_2, \ldots, X_n)$ soumise en un ensemble de k contraintes
$g_i(X_1, X_2, \ldots, X_n) = b_i$, i = 1, \ldots, k, où k ≤ n. Il faut alors définir un multiplicateur de Lagrange pour chaque contrainte. Le
Lagrangien s'écrit

$$F(X_1, X_2, \ldots, X_n, \lambda_1, \lambda_2, \ldots, \lambda_k) = f(X_1, X_2, \ldots, X_n) - \sum_{i=1}^{k} \lambda_i [g_i(X_1, X_2, \ldots, X_n) - b_i]$$

Les conditions du premier ordre sont obtenues à l'aide des
n + k dérivées partielles premières; égalant ces dérivées partielles à zéro, on obtient alors un système de n + k équations à n + k
inconnues que l'on doit résoudre pour déterminer les points critiques. Les conditions du second ordre sont plus difficiles à obtenir; nous ne les traiterons pas dans cet ouvrage.

Contrainte de la forme $g(X_1, X_2) \le b$

La méthode du multiplicateur de Lagrange peut aussi s'appliquer lorsque la contrainte se présente sous forme d'une inéquation
de la forme $g(X_1, X_2) \le b$. On détermine l'extremum en appliquant
la méthode du multiplicateur de Lagrange, en supposant que la contrainte est une stricte égalité: $g(X_1, X_2) = b$. Selon la valeur
de λ, on pourra alors tirer les conclusions suivantes:

Maximisation. *a)* Si λ > 0, la contrainte est une borne supérieure pour les valeurs de X_1 et X_2; la valeur
optimale qu'on obtient pour $f(X_1, X_2)$ est aussi
celle qu'on obtiendrait avec la contrainte
$g(X_1, X_2) \le b$.

Minimisation.

b) Si $\lambda \leq 0$, la contrainte n'est pas restrictive; on détermine la valeur optimale de la fonction sans tenir compte de la contrainte.

a) Si $\lambda \geq 0$, la contrainte n'est pas restrictive; on ignore la contrainte pour déterminer l'optimum de la fonction.

b) Si $\lambda < 0$, la contrainte est restrictive; on a donc procédé correctement en supposant $g(X_1, X_2) = b$.

Pluralité de contraintes

S'il existe plusieurs contraintes sous forme d'inéquations, la procédure d'optimisation est alors celle de *Kuhn-Tucker* qui est en dehors du cadre de cet ouvrage. Toutefois, si la fonction à optimiser et les contraintes sont linéaires, la méthode appropriée d'optimisation est celle du *simplexe* que nous avons traité dans notre ouvrage sur la programmation linéaire[1].

3.12 PROBLÈMES

1. Soit le modèle $Y = \beta_0 + \beta_1 X_1 + \beta_2 \sin X_2$. Déterminer les dérivées partielles de premier ordre. Quelle est l'allure de la courbe $\frac{\partial Y}{\partial X_1}$ en fonction de X_1; de la courbe de $\frac{\partial Y}{\partial X_2}$ en fonction de X_2?

2. Déterminer les dérivées partielles de premier ordre, second ordre et croisées des fonctions suivantes:

   a) $Y = 25 + 5X_1 + 6X_2 - 4X_1 X_2$

   b) $Y = 2X_1 X_2 - 3 \ln X_1 X_2$

   c) $Y = (X_1^2 + X_2^2)^2$

---

[1] G. Baillargeon, *Introduction à la programmation linéaire*, chez le même éditeur.

d) $Y = e^{2X_1 + X_2}$

e) $Y = 3X_1^3 - 6X_1X_2^2 + 2X_1^2X_2^2$

f) $Y = \dfrac{2X_1}{X_2}$

3. Soit la fonction $Y = 2X_1X_2 + X_2 \ell nX_1X_2$; montrer que

$$X_1 \frac{\partial^2 Y}{\partial X_1^2} + X_2 \frac{\partial^2 Y}{\partial X_2 \partial X_1} = 2X_2^2 \frac{\partial^2 Y}{\partial X_2^2}$$

4. Soit la fonction $Y = X_1^3 + 4X_1^2X_2 + 8X_1X_2^2 - X_2^3$; déterminer

$$\frac{\partial^2 Y}{\partial X_1^2}, \quad \frac{\partial^2 Y}{\partial X_2^2}, \quad \frac{\partial^2 Y}{\partial X_1 \partial X_2}, \quad \frac{\partial^2 Y}{\partial X_2 \partial X_1}, \text{ et évaluer ces dérivées au}$$

point $(X_1 = 2, X_2 = 4)$.

5. Si la fonction $Y = f(X_1, X_2)$ possède les dérivées partielles $\dfrac{\partial Y}{\partial X_1}$ et $\dfrac{\partial Y}{\partial X_2}$ et que X_1 et X_2 sont fonctions d'une autre varia-ble t, alors la *dérivée totale* de Y par rapport à t, $\dfrac{dY}{dt}$ est

$$\frac{dY}{dt} = \frac{\partial Y}{\partial X_1} \frac{\partial X_1}{\partial t} + \frac{\partial Y}{\partial X_2} \frac{\partial X_2}{\partial t}$$

Alors si $Y = X_1 + 2X_1X_2 - 4X_2$ et $X_1 = t$, $X_2 = 2 + t^2$, détermi-ner le taux instantané de variation de Y par rapport à t.

6. Soit la fonction de production d'un certain bien

$Y = 20X_1 + X_1X_2 - X_2^2$

a) Déterminer la productivité marginale du facteur X_1.

b) Déterminer la productivité marginale du facteur X_2.

c) Evaluer les productivités marginales si $X_1 = 2$, $X_2 = 5$.

7. Soit la fonction de production $Y = 6X_1^{\frac{1}{2}} \cdot X_2^{\frac{1}{4}}$

Déterminer la productivité marginale de X_1; de X_2.

8. Déterminer les points critiques des fonctions suivantes et i-dentifier la nature de chaque point critique.

a) $Y = 2X_1 + 8X_2 + X_1^2 + 4X_2^2 + 2X_1X_2$

b) $Y = 8 - X_1^2 - X_2^2$

c) $Y = 100 + 2X_1 - 3X_2 + 4X_1X_2 + X_1^2$

d) $Y = 12 - 6X_1X_2 + X_1^3 + X_2^2$

9. Soit le modèle $Y = -35 + 2X_1 - X_2 - X_1X_2 + X_1^2 + X_2^2$.
Déterminer l'extremum de la fonction ainsi que la valeur optimale de la fonction.

10. Déterminer l'extremum qui minimise la fonction
$Y = 12 + 4X_1 + X_1^2 + X_1X_2 + 2X_2^2$.

11. Déterminer les maximum, minimum ou col de la fonction suivante:

$Y = 60 - 12X_1 - 27X_2 + X_1^3 + X_2^3$.

12. Déterminer les valeurs de X_1 et X_2 qui maximisent la fonction
$Y = 1\ 200 + 51X_1 + 66X_2 + 3X_1X_2 - 15X_1^2 - 0,2X_2^2$.

13. En statistique (régression linéaire simple), on s'intéresse à
estimer les paramètres β_0 et β_1 du modèle
$$Y = \beta_0 + \beta_1 X$$
à l'aide d'une série de points (X_1,Y_1), (X_2,Y_2),...,(X_n,Y_n)
et ceci en appliquant la méthode des moindres carrés. Il s'a-
git alors de déterminer les expressions des estimateurs b_0 et
b_1 (qui vont servir d'estimation aux paramètres β_0 et β_1) de
telle sorte que l'expression
$$S = \sum_{i=1}^{n} (Y_i - b_0 - b_1X_i)^2 \text{ soit minimale.}$$

En utilisant les dérivées partielles, déterminer les expressions de b_0 et b_1 qui minimisent S. Dans ce problème, les
variables qui nous intéressent sont b_0 et b_1. Il s'agit d'a-
bord d'obtenir les conditions de premier ordre et de résoudre
les équations obtenues pour b_0 et b_1.

14. On veut ajuster un modèle linéaire de la forme $Y = \beta_0 + \beta_1 X$ aux données suivantes:

Y	X
15	-2
22	-1
30	0
38	1
46	2

En utilisant les expressions obtenues au problème 13 pour b_0 et b_1, déterminer l'équation de la droite correspondante.

15. L'entreprise Nouveautés publie une revue de décoration intérieure; les ventes mensuelles des dix derniers mois sont représentées par les données suivantes:

Mois	1	2	3	4	5	6	7	8	9	10
Quantité	1 500	2 200	2 500	3 400	4 000	5 100	4 800	6 000	6 400	7 000

a) Reporter sur un graphique ces observations avec la quantité (Y) en ordonnée et le mois (X) en abscisse.

b) Déterminer l'équation de la droite permettant de mettre en relation le volume de ventes et la période mensuelle.

c) Estimer, à l'aide de la droite, les ventes du onzième mois (si la tendance se poursuit).

16. Le coût de fabrication d'un certain ingrédient chimique dépend de deux éléments de base, M-OX1 et M-OX2. Le modèle représentant le coût total de fabrication de cet ingrédient est:

$$C = 220 - 15X_1 - 30X_2 - 5X_1X_2 + 5X_1^2 + 5X_2^2$$

où X_1: quantité en litres de l'élément M-OX1

X_2: quantité en litres de l'élément M-OX2.

Déterminer le mélange optimal de ces deux éléments qui permettra de minimiser le coût total.

17. Soit le modèle d'ordre deux

$$Y = \beta_0 + \beta_1 X_1 + \beta_2 X_2 + \beta_3 X_1 X_2 + \beta_4 X_1^2 + \beta_5 X_2^2$$

où β_0, β_1, β_2, β_3, β_4 et β_5 sont les paramètres du modèle.

a) Déterminer les expressions de X_1^* et X_2^* en fonction des paramètres du modèle pour qu'un point critique existe.

b) Quelle condition additionnelle doit exister pour que ce point critique soit un extremum?

c) Quelles sont les conditions qui garantissent que le point critique soit un maximum; un minimum.

d) Quelle condition nous permet de conclure que le point critique est un col?

18. Une entreprise fabrique deux biens. La fonction revenu est déterminée par

$$R = 1\ 100 X_1 + 500 X_2 - 200 X_1^2 - 100 X_2^2$$

et la fonction du coût total de la double production est

$$C = 2\ 000 + 200 X_1 + 100 X_2 + 100 X_1 X_2$$

où X_1 et X_2 sont les quantités fabriquées en milliers d'unités des deux biens.

a) Déterminer l'expression de la fonction de profit.

b) Déterminer les valeurs de X_1 et X_2 qui maximisent la fonction de profit.

19. Les fonctions de demande de deux appareils électroménagers fabriqués par l'entreprise Micromix sont

$$P_1 = 250 - \frac{X_1}{200}, \qquad P_2 = 320 - \frac{X_2}{100}$$

où p_1 et p_2 sont les prix de vente unitaires et X_1, X_2, les quantités de chaque appareil. Le coût total de la double production est:

$$C = 5\ 000 + 50 X_1 + 60 X_2 + \frac{X_1 X_2}{100}$$

a) Déterminer l'expression de la fonction de profit.

b) Combien d'appareils électroménagers doit-on fabriquer pour maximiser les bénéfices?

c) A combien doit-on fixer le prix de vente de chaque appareil?

20. On peut généraliser l'optimisation d'une fonction de n variables $Y = f(X_1, X_2, \ldots, X_n)$ de la façon suivante. Toutefois les conditions que nous donnons ici nécessitent de savoir comment calculer un déterminant.

Soit une fonction différentiable $Y = f(X_1, X_2, \ldots, X_n)$. Le point $X = (X_1^*, X_2^*, \ldots, X_n^*)$ est un point critique s'il représente une solution au système suivant:

$$\frac{\partial Y}{\partial X_1} = 0, \quad \frac{\partial Y}{\partial X_2} = 0, \quad \ldots, \quad \frac{\partial Y}{\partial X_n} = 0$$

C'est la *condition nécessaire* pour l'existence d'un point critique.

La *condition suffisante* pour garantir un maximum ou un minimum s'obtient en évaluant les déterminants suivants:

Dénotons par $f''_{11} = \dfrac{\partial^2 Y}{\partial X_1^2}$, $f''_{22} = \dfrac{\partial^2 Y}{\partial X_2^2}$,

$$f''_{12} = f''_{21} = \frac{\partial^2 Y}{\partial X_1 \partial X_2} = \frac{\partial^2 Y}{\partial X_2 \partial X_1}$$

$$f''_{1n} = \frac{\partial^2 Y}{\partial X_1 \partial X_n} \quad \text{et ainsi de suite.}$$

Posant $D_1 = f''_{11}$, $\qquad D_2 = \begin{vmatrix} f''_{11} & f''_{12} \\ f''_{21} & f''_{22} \end{vmatrix}$

$$D_3 = \begin{vmatrix} f''_{11} & f''_{12} & f''_{13} \\ f''_{21} & f''_{22} & f''_{23} \\ f''_{31} & f''_{32} & f''_{33} \end{vmatrix}, \ldots, \quad D_n = \begin{vmatrix} f''_{11} & f''_{12} & \cdots & f''_{1n} \\ f''_{21} & f''_{22} & \cdots & f''_{2n} \\ & & \vdots & \\ f''_{n1} & f''_{n2} & \cdots & f''_{nn} \end{vmatrix}$$

Le point critique $X = (X_1^*, X_2^*, \ldots, X_n^*)$ est un :

a) maximum si $D_1 < 0$, $D_2 > 0$, $D_3 < 0,\ldots,(-1)^n D_n > 0$.

b) minimum si $D_1 > 0$, $D_2 > 0$, $D_3 > 0,\ldots,D_n > 0$.

Utilisant les conditions que nous venons d'énoncer, analyser la nature du point critique pour la fonction suivante:

$$Y = f(X_1,X_2,X_3) = 3X_1 + 2X_2 + 10X_1X_2 + 6X_3 - 3X_1^2 - 10X_2^2 - 6X_3^2$$

21. Déterminer les extremums (s'ils existent) de chaque fonction soumise à la contrainte spécifiée par

i) la méthode du multiplicateur de Lagrange;

ii) la méthode de substitution

a) $Y = 8X_1X_2$ sujet à $2X_1 + X_2 = 40$

b) $Y = X_1^2 - X_1X_2 + 2X_2^2$ sujet à $X_1 + X_2 = 16$

c) $Y = 2X_1^2 - 20X_2^2$ sujet à $2X_1 - X_2 = 38$

22. Lorsqu'un individu dispose de quantités X_1 et X_2 de deux sortes de biens, ceci représente pour lui un certain degré de satisfaction que les économistes appellent l'utilité totale et que nous dénotons par U. Supposons que l'individu dispose d'un certain revenu I qu'il peut consacrer à l'achat des marchandises en question. Soient p_1 et p_2, les prix de ces marchandises. Le problème est alors de déterminer les quantités X_1 et X_2 qu'il peut se procurer pour maximiser son utilité tout en respectant sa contrainte budgétaire:

Maximiser la fonction d'utilité $U = f(X_1,X_2)$ soumise à la contrainte budgétaire $p_1X_1 + p_2X_2 = I$.

a) Soit la fonction d'utilité $U = X_1^{\frac{1}{2}} + X_2^{\frac{1}{2}}$

soumise à la contrainte budgétaire $p_1X_1 + p_2X_2 = I$.

Déterminer les expressions de X_1 et X_2 en fonction de p_1, p_2 et I de telle sorte que la fonction d'utilité soit maximisée. Utiliser la méthode du multiplicateur de Lagrange.

b) Soit la fonction d'utilité $U = X_1X_2$. De plus, $p_1 = \$3$, $p_2 = \$5$. Le consommateur dispose d'un revenu de \$200.

    i)   Formuler le problème d'optimisation.

    ii)   Déterminer les quantités X_1 et X_2 que le consommateur doit se procurer pour maximiser sa fonction d'utilité.

    iii)   Dans le contexte de ce problème, que représente le multiplicateur de Lagrange?

23. Utiliser à nouveau les données de l'entreprise Micromix, problème 19, mais en considérant que la capacité totale de production des deux appareils électroménagers est limitée à 16 000 unités.

    a)   Déterminer, à l'aide de la méthode du multiplicateur de Lagrange, le programme optimal de fabrication qui maximise la fonction de profit tout en respectant la contrainte sur la quantité totale à fabriquer.

    b)   Quel est le bénéfice de l'entreprise?

    c)   Si la capacité de production passe de 16 000 à 16 001 unités, quelle en sera la conséquence sur le bénéfice de l'entreprise?

24. Utiliser à nouveau les données de l'entreprise Micromix, problème 19, mais en considérant cette fois la contrainte de production $X_1 + X_2 = 21\ 000$.

    a)   Déterminer les quantités X_1 et X_2 à fabriquer de chaque appareil pour obtenir un bénéfice maximum.

    b)   Quel est le profit maximum? Est-il supérieur à celui qu'on obtient sans aucune limitation de la production?

    c)   Quelle est la valeur du multiplicateur de Lagrange?

    d)   Si la capacité de production passe de 21 000 à 21 001, quelle en sera la conséquence sur le profit de l'entreprise?

    e)   Si la contrainte de production est plutôt

    $X_1 + X_2 \leq 21\ 000$,

est-ce que ceci modifie le programme optimal de fabrication? Expliquer.

25. On veut minimiser la fonction $Y = f(X_1, X_2) = X_1^2 - X_1 X_2 + 2X_2^2$
soumise à la contrainte $X_1 + X_2 = 16$

   a) Déterminer, à l'aide du multiplicateur de Lagrange, les valeurs de X_1 et X_2 qui minimisent Y.

   b) Considérer cette fois la contrainte $X_1 + X_2 = b$ et déterminer λ, X_1, X_2 et Y en fonction de b.

   c) Quelles sont les valeurs de λ, X_1, X_2 et Y si $b = 4$? $b = 8$? $b = 12$? $b = 24$?

26. Soit la fonction de profit

$$P = -88 - X_1 - X_2 + 18 \sqrt{X_1} + 12 \sqrt{X_2}$$

avec la contrainte $X_1 + X_2 = b$.

   a) Déterminer les expressions de X_1 et X_2 en fonction de b.

   b) Exprimer la fonction de profit en fonction de b.

   c) Pour quelle valeur de b, le profit est-il maximum? Utiliser le test de la dérivée seconde, chapitre 2.

   d) Pour la valeur optimale de b, quelle est la valeur correspondante du multiplicateur de Lagrange? Est-elle unique?

4

SOMMAIRE

4.1 Introduction

4.2 Fonction primitive: intégrale indéfinie

4.3 Intégrales de fonctions usuelles

4.4 Aire sous une courbe

4.5 Théorème fondamental du calcul intégral

4.6 Valeur moyenne de l'ordonnée

4.7 Problèmes

CALCUL INTÉGRAL

CHAPITRE 4

4.1 INTRODUCTION

Le processus d'intégration a deux interprétations distinctes. Il permet, d'une part, d'obtenir la *fonction primitive* dont f(X) est la dérivée par rapport à X et d'autre part, de calculer l'aire sous une courbe. Dans le premier cas, on parle *d'intégrale indéfinie;* dans le deuxième, d'intégrale définie.

4.2 FONCTION PRIMITIVE : INTÉGRALE INDÉFINIE

La recherche d'une fonction dont la dérivée est connue s'appelle *intégration* et la fonction cherchée est appelée *fonction primitive* ou encore *intégrale indéfinie*.

Si F(X) est une intégrale par rapport à X de la fonction à intégrer f(X), alors l'expression générale de l'intégrale indéfinie de la fonction f(X) est

$$\int f(X)\,dX = F(X) + K.$$

Le symbole $\int$ est le *signe intégral*, f(X) est la *fonction d'intégration*, F(X) est une *intégrale particulière*, K est la cons-

tante d'intégration et F(X) + K est *l'intégrale indéfinie*. L'é-
lément dX nous indique par rapport à quelle variable se fait l'intégration; ici nous intégrons par rapport à X.

Remarques.   1)   Nous savons que la dérivée d'une constante est
nulle. Ainsi, par définition,

$$\frac{d}{dX} \ [F(X) \ + \ K] = \frac{dF(X)}{dX} + \frac{dK}{dX}$$
$$= \frac{dF(X)}{dX}$$
$$= f(X)$$

On doit toujours ajouter la constante d'intégration dans le processus d'intégration indéfinie
puisque ceci permet d'obtenir toute la famille de
fonctions dont la fonction initiale f(X) est la
dérivée. En effet, deux fonctions ayant même dérivée peuvent ne différer que par une constante.

2)   Pour déterminer explicitement la constante d'intégration, il faut connaître la valeur de la fonction F(X) en une valeur de X.

3)   On utilise aussi parfois la lettre C pour identifier la constante d'intégration; nous avons toutefois réservé cette lettre pour identifier la
fonction du coût total.

EXEMPLE 4.1   Soit la fonction à intégrer. f(X) = -X + 3. On peut
obtenir l'intégrale de cette fonction en inversant le processus
de différentiation. On cherche donc

$$\int (-X \ + \ 3) \, dX = ?$$

L'inverse du procédé de différentiation serait, pour le premier terme de l'expression (-X + 3), d'augmenter l'exposant de 1
et de diviser ce résultat par le nombre représentant l'exposant,
pour obtenir $\frac{-X^2}{2}$; de la même façon, on obtiendrait le deuxième
terme, 3X. A ceci, nous ajoutons la constante d'intégration, pour
obtenir finalement

$$\int (-X \ + \ 3) \, dX = \frac{-X^2}{2} + 3X + K.$$

La dérivée de F(X) = $\frac{-X^2}{2}$ + 3X + K est bien égale à

$$\frac{dF(X)}{dX} = -X + 3.$$

L'expression $F(X) = K + 3X - \frac{X^2}{2}$ est de la forme $Y = \beta_0 + \beta_1 X + \beta_2 X^2$ dont la représentation graphique est indiquée à la figure 1.4, page 9. La représentation graphique de $F(X)$ est une famille de paraboles ne variant que par la valeur de K (voir fig. 4.1).

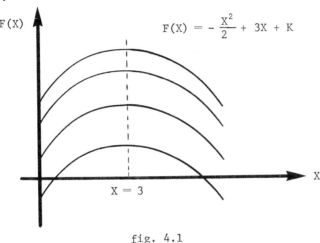

fig. 4.1

4.3 INTÉGRALES DE FONCTIONS USUELLES

Comme dans le cas du processus de dérivation, il existe aussi une série de formules qui permettent d'obtenir directement les intégrales cherchées. Un certain nombre de ces formules sont indiquées au tableau 4.1.

Remarque. Il existe des tables (Mathematical Tables) qui donnent une liste de plus de 400 intégrales.

Tableau 4.1

Fonction à intégrer	L'intégrale de f(X)
f(X)	$\int f(X)\,dX = F(X) + K$

a	aX + K
a f(X)	a F(X) + K
X^n	$\dfrac{X^{n+1}}{n+1} + K, \; n \neq -1$
$\dfrac{1}{X}$	$\ell nX + K$
e^X	$e^X + K$
e^{aX}	$\dfrac{e^{aX}}{a} + K$
$(aX + b)^n$	$\dfrac{(aX + b)^{n+1}}{(a)(n+1)} + K, \; n \neq -1$
$\dfrac{1}{aX+b}$	$\dfrac{\ell n(aX+b)}{a} + K$
a^X	$\dfrac{a^X}{\ell n \; a} + K$
sinX	$- \cos X + K$
cosX	sinX + K
$\ell n \; X$	$X \ell n \; X - X + K$

Intégrales d'une somme (différence)

$$\int [f(X) \pm g(X)]\,dX = \int f(X)\,dX \pm \int g(X)\,dX$$

$$= F(X) + G(X) + K$$

Intégration par parties

$$\int f(X) \; g'(X)\,dX = f(X) \cdot g(X) - \int f'(X) \; g(X)\,dX$$

EXEMPLE 4.2

a) $\displaystyle\int (X^2 + 6X - 3)\,dX = \frac{X^3}{3} + 3X^2 - 3X + K$

b) $\displaystyle\int \frac{10}{\sqrt{X}}\,dX = \frac{10X^{-\frac{1}{2}+1}}{-\frac{1}{2}+1} + K = 20\sqrt{X} + K$

c) $\displaystyle\int e^{3X}\,dX = \frac{e^{3X}}{3} + K$

d) $\displaystyle\int \frac{1}{1+X}\,dX = \ln(1+X) + K$

e) $\displaystyle\int (2X+1)^3\,dX = \frac{(2X+1)^4}{8} + K$

f) $\displaystyle\int 5^X\,dX = \frac{5^X}{\ln 5} + K$

g) $\displaystyle\int (X^2 + 2X + 1)^2 (2X + 2)\,dX$. Pour évaluer cette intégrale, on

utilise la formule suivante:

$$\int [f(X)]^n\, f'(X)\,dX = \frac{[f(X)]^{n+1}}{n+1} + K, \quad n \neq -1.$$

Puisque $f'(X) = \dfrac{d}{dX}(X^2 + 2X + 1) = 2X + 2$, on obtient alors

$$\int (X^2 + 2X + 1)^2 (2X + 2)\,dX = \frac{(X^2 + 2X + 1)^3}{3} + K$$

EXEMPLE 4.3   Déterminer l'équation de la courbe pour laquelle $\dfrac{d^2Y}{dX^2} = 2X$ et qui passe par le point $(1,4)$ avec une pente égale à 3.

SOLUTION.

Déterminons d'abord $\dfrac{dY}{dX}$. En intégrant, on obtient

$$\frac{dY}{dX} = \int 2X\,dX = X^2 + K_1 .$$

Au point $(1,4)$, $\dfrac{dY}{dX} = 3$.

Substituant le point $(1,4)$, on trouve

$$(1)^2 + K_1 = 3, \quad K_1 = 2$$

Donc $\dfrac{dY}{dX} = X^2 + 2.$ On cherche maintenant l'expression de Y.

$$Y = \int (X^2 + 2)\ dX = \frac{X^3}{3} + 2X + K_2.$$

Puisque à $X = 1$, $Y = 4$, alors

$$4 = \frac{(1)^3}{3} + (2)(1) + K_2, \quad \text{d'où } K_2 = 5/3$$

Alors l'équation cherchée est

$$Y = \frac{X^3}{3} + 2X + \frac{5}{3}$$

EXEMPLE 4.4 *Intégration par parties.* Certaines fonctions ne peuvent être intégrées directement; une méthode utilisée est l'intégration par parties.

a) $\displaystyle\int X\ e^X\ dX$

Posons $f(X) = X$ et $g'(X) = e^X$; alors
$$f'(X) = 1 \text{ et } g(X) = \int e^X\ dX = e^X$$

Appliquant la formule

$$\int f(X)g'(X)\ dX = f(X) \cdot g(X) - \int f'(X)g(X)\ dX,$$

on trouve

$$\int X\ e^X dX = X\ e^X - \int (1)e^X dX$$
$$= X\ e^X - e^X + K$$

b) $\displaystyle\int X\ell nX dX$

On pose: $f(X) = \ell nX$ et $g'(X) = X$, alors
$$f'(X) = \frac{1}{X} \text{ et } g(X) = \frac{X^2}{2}.$$

Par conséquent:

$$\int X\ell nX dX = \frac{X^2}{2}\ \ell nX - \int \frac{1}{X} \cdot \frac{X^2}{2}\ dX$$
$$= \frac{X^2}{2}\ \ell nX - \frac{X^2}{4} + K$$

EXEMPLE 4.5 Supposons que, pour un certain bien, le coût marginal en fonction de la quantité X est donné par la relation

$$C' = 1 - 2X + 6X^2.$$

On veut déterminer l'expression du coût total sachant que
les frais fixes sont de \$100.

SOLUTION.

On obtient la fonction du coût total en intégrant la fonction du
coût marginal.

Donc

$$C = \int (1 - 2X + 6X^2) dX$$

$$= X - X^2 + 2X^3 + K.$$

On peut évaluer la constante d'intégration en utilisant le fait
que C = 100 lorsque X = 0, d'où 100 = 0 - 0 + 0 + K, K = 100.
La fonction du coût total est donc

$$C = X - X^2 + 2X^3 + 100.$$

Remarque. Si on donne l'expression du revenu marginal, on peut
obtenir de la même façon l'expression du revenu total.

4.4 AIRE SOUS UNE COURBE

Une des plus importantes applications du calcul intégral est
l'utilisation de l'intégrale définie pour déterminer l'aire sous
une courbe.

Supposons une fonction continue Y = f(X) définie dans l'intervalle a ≤ X ≤ b. On veut approximer l'aire définie par la
courbe f(X) et l'axe des X entre les limites X = a et X = b comme
nous l'indique la figure 4.2.

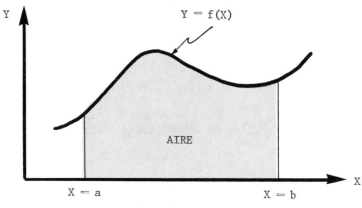

fig. 4.2

Une première approximation de cette aire serait de procéder comme suit. Subdiviser d'abord l'intervalle [a,b] en n sous-intervalles d'égale largeur, $\frac{b-a}{n}$; le point X_i aura comme coordonnée

$$X_i = a + i \cdot \frac{b-a}{n}$$

Par la suite, nous construisons n rectangles de base $\frac{b-a}{n}$ et de hauteur $f(X_i)$, i = 1, ..., n; la surface de chaque rectangle est donc $\frac{b-a}{n} f(X_i)$.

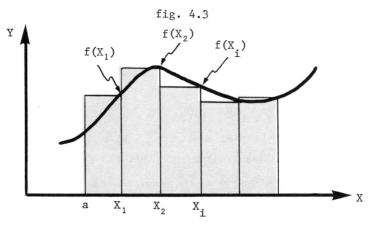

fig. 4.3

$$X_1 = a + \frac{(b-a)}{n}, \ldots, X_i = a + i \cdot \frac{(b-a)}{n}, \ldots, X_n = b$$

En effectuant la somme de toutes ces surfaces,

$$S_n = \sum_i \frac{b-a}{n} f(X_i),$$

on obtient une approximation de l'aire indiquée à la figure 4.3.

EXEMPLE 4.6 Soit la fonction $Y = X^2$. On veut évaluer l'aire approximative sous cette courbe et l'axe des X entre $X = 2$ et $X = 6$.

SOLUTION.

Supposons que nous subdivisons l'intervalle [2,6] en quatre (n=4) parties égales. On obtient alors la figure 4.4.

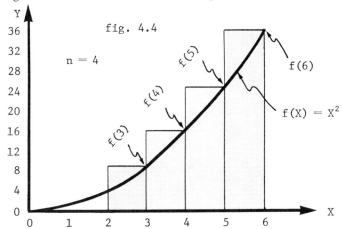

fig. 4.4

On obtient donc

$$\frac{(b-a)}{n} = \frac{6-2}{4} = 1 \quad \text{et}$$

$$X_1 = 3, \quad X_2 = 4, \quad X_3 = 5, \quad X_4 = 6 \quad \text{avec}$$

$$f(X_1) = 9, \quad f(X_2) = 16, \quad f(X_3) = 25 \text{ et } f(X_4) = 36$$

Alors

$$S_n = \sum_i \frac{b-a}{n} f(X_i) = \frac{b-a}{n} \sum_i f(X_i)$$

$$= (1)(9 + 16 + 25 + 36) = 86.$$

Cette valeur, 86, est évidemment supérieure à l'aire cherchée comme nous l'indique la figure 4.4.

Pour améliorer la précision de notre approximation, il faut réduire la surface excédant la courbe; ceci peut s'obtenir en augmentant le nombre de rectangles, c.-à-d. en augmentant n.

EXEMPLE 4.7   Supposons que nous doublons le nombre de subdivisions; dans ce cas n = 8 et

$$\frac{b-a}{n} = \frac{6-2}{8} = 1/2. \quad D'où$$

$$X_1 = 2,5, \quad X_2 = 3, \quad X_3 = 3,5,\ldots, \quad X_i = 2 + i\cdot 1/2,\ldots, \quad X_8 = 6.$$

Alors $S_n = 1/2 \sum_{i=1}^{8} f(X_i) = 1/2[f(X_1) + f(X_2) + \ldots + f(X_8)]$

$$= 1/2[6,25 + 9 + 12,25 + 16 + 20,25 + 25 + 30,25 + 36]$$

$$= 1/2(155) = 77,5.$$

La figure 4.5 nous indique l'aire obtenue.

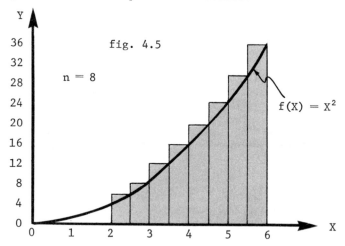

On peut à nouveau augmenter la précision de notre approximation en augmentant encore le nombre de subdivisions.

Valeur limite: intégrale définie

Soit f(X), une fonction continue sur l'intervalle [a,b]. Alors

$$\text{limite } S_n = \text{limite } \frac{b-a}{n} \Sigma f(X_i)$$
$$n \to \infty \qquad\quad n \to \infty$$

= Aire sous la courbe = A.

La valeur limite de cette sommation est l'intégrale définie de la fonction f(X) entre les limites a et b:

$$\int_a^b f(X)\ dX = \underset{n\to\infty}{\text{limite}}\ \frac{b-a}{n}\ \Sigma f(X_i)$$

On peut donc interpréter l'intégrale définie comme la limite d'une somme.

EXEMPLE 4.8   En utilisant la définition que nous venons de donner, on veut déterminer

$$\int_0^4 2XdX$$

SOLUTION

On a $\dfrac{b-a}{n} = \dfrac{4-0}{n} = \dfrac{4}{n}$

Alors $\dfrac{b-a}{n} \overset{n}{\underset{i=1}{\Sigma}} f(X_i) = \dfrac{4}{n} \overset{n}{\underset{i=1}{\Sigma}} f(X_i)$ où

$$X_i = a + i \cdot \frac{(b-a)}{n} = i \cdot \frac{4}{n} \text{ et } f(X_i) = 2i \cdot \frac{4}{n}$$

$$\frac{4}{n} \overset{n}{\underset{i=1}{\Sigma}} f(X_i) = \frac{4}{n} \left[2 \cdot \frac{4}{n} + 2 \cdot \frac{8}{n} + 2 \cdot \frac{12}{n} + \ldots + 2 \cdot \frac{4n}{n} \right]$$

$$= 2 \cdot \frac{4}{n} \cdot \frac{4}{n} [1 + 2 + 3 + \ldots + n]$$

Utilisant le fait que la somme des n termes de cette progression arithmétique est

$$1 + 2 + 3 + \ldots + n = \frac{(n)(n+1)}{2} \text{ , alors}$$

$$\frac{4}{n} \overset{n}{\underset{i=1}{\Sigma}} f(X_i) = 2 \cdot \frac{4}{n} \cdot \frac{4}{n} \frac{(n)(n+1)}{2} = 16 \frac{(n+1)}{n}$$

$$= 16 + \frac{16}{n}$$

Donc

$$\int_0^4 2XdX = \underset{n\to\infty}{\text{limite}} (16 + \frac{16}{n}) = 16$$

4.5 THÉORÈME FONDAMENTAL DU CALCUL INTÉGRAL

Cette façon de procéder peut toutefois devenir très laborieuse si la fonction à intégrer est relativement complexe. Un théorème permet d'obtenir l'intégrale définie en intégrant directement la fonction (comme dans le cas d'une intégrale indéfinie) sans passer par la limite.

Le théorème fondamental du calcul intégral s'énonce comme suit:

Soit une fonction f(X) *continue sur l'intervalle* [a,b] *de telle sorte que* F(X) *est une fonction primitive de* f(X). *Alors*

$$\int_a^b f(X)\,dX = F(X) \Big|_a^b = F(b) - F(a)$$

Remarque. On appelle aussi a et b respectivement la limite inférieure et la limite supérieure d'intégration.

Nous pouvons maintenant donner, en termes d'une intégrale, l'aire sous une courbe.

Si f(X) *est une fonction continue non négative, sur l'intervalle* [a,b], *alors l'aire A bornée par* f(X) *et l'axe des X entre X = a et X = b est*

$$A = \int_a^b f(X)\,dX$$

Remarque. Si f(X) ≤ 0 sur l'intervalle [a,b], alors

$$A = -\int_a^b f(X)\,dX$$

EXEMPLE 4.9   On veut intégrer la fonction non négative f(X) = 6X^2 - 3X + 4 entre les limites X = 0 et X = 20.

SOLUTION

$$\int_0^{20} (6X^2 - 3X + 4)dX = \left[\frac{6X^3}{3} - \frac{3X^2}{2} + 4X\right]_0^{20}$$

$$= F(20) - F(0)$$

$$F(20) = \frac{6(20)^3}{3} - \frac{3(20)^2}{2} + 4(20) = 15\ 480$$

$$F(0) = 0$$

Donc

$$F(20) - F(0) = 15\ 480$$

Donnons quelques propriétés des intégrales définies

Propriétés

1. $\displaystyle\int_a^a f(X)dX = 0$

2. $\displaystyle\int_a^b f(X)dX = -\int_b^a f(X)dX$

3. $\displaystyle\int_a^b f(X)dX + \int_b^c f(X)dX = \int_a^c f(X)dX, \quad a \le b \le c$

4. $\displaystyle\int_a^b k\ f(X)dX = k\int_a^b f(X)dX$

5. $\displaystyle\int_a^b (f(X) \pm g(X))dX = \int_a^b f(X)dX \pm \int_a^b g(X)dX$

EXEMPLE 4.10   Evaluons l'aire délimitée par la courbe $Y = X^2$ et l'axe des X entre les limites $X = 2$ et $X = 6$. Nous avons utilisé cette fonction aux exemples 4.6 et 4.7.

SOLUTION

$$\int_2^6 X^2 dX = \frac{X^3}{3}\bigg|_2^6 = \frac{(6)^3}{3} - \frac{(2)^3}{2} = \frac{208}{3} = 69,33 \quad .$$

Mentionnons toutefois que différents cas peuvent se présenter dans l'évaluation de l'aire sous une courbe, l'axe des X et les limites $X = a$ et $X = b$.

Cas 1.   Si $f(X) \geq 0$, $a \leq X \leq b$, alors

$$A = \int_a^b f(X)\,dX$$

Cas 2.   Si $f(X) \leq 0$, $a \leq X \leq b$, alors

$$A = - \int_a^b f(X)\,dX$$

Cas 3.   Si $f(X) \leq 0$, $a \leq X \leq m$ et $f(X) \geq 0$, $m \leq X \leq b$, alors

$$A = - \int_a^m f(X)\,dX + \int_m^b f(X)\,dX$$

Cas 4.   Soient deux fonctions continues $f(X)$ et $g(X)$ de telle sorte que $f(X) \geq g(X)$ sur l'intervalle $[a,b]$. Alors l'aire bornée par le graphique de ces deux fonctions est

$$A = \int_a^b [f(X) - g(X)]\,dX$$

EXEMPLE 4.11   Déterminer l'aire entre la courbe $f(X) = -20+12X-X^2$ et l'axe des X entre les limites $X = 0$ et $X = 10$.

SOLUTION

Le graphique de cette fonction est indiqué à la figure 4.6

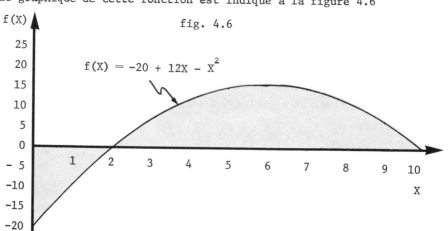

fig. 4.6

$f(X) = -20 + 12X - X^2$

Nous remarquons que $f(X) \leq 0$, pour $0 \leq X \leq 2$ et $f(X) \geq 0$, $2 \leq X \leq 10$. C'est donc le cas 3. Alors.

$$A = - \int_0^2 (-20 + 12X - X^2)dX + \int_2^{10} (-20 + 12X - X^2)dX$$

$$= - \left[(-20X + \frac{12X^2}{2} - \frac{X^3}{3}) \right]_0^2 + \left[(-20X + \frac{12X^2}{2} - \frac{X^3}{3}) \right]_2^{10}$$

$$= \frac{56}{3} + \frac{256}{3} = \frac{312}{3} = 104$$

EXEMPLE 4.12 Déterminer l'aire bornée par les courbes $Y = g(X) = X^2$ et $Y = f(X) = 2X + 3$.

SOLUTION

Traçons d'abord les courbes de ces deux fonctions, voir fig. 4.7

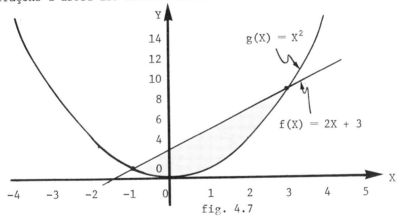

fig. 4.7

Nous sommes en présence du cas 4. Les points d'intersection des deux courbes sont

$$X = -1, \quad Y = 1$$
$$X = 3, \quad Y = 9$$

Puisque $f(X) \geq g(X)$ dans l'intervalle $X = -1$ et $X = 3$, alors

$$A = \int_{-1}^3 [(2X + 3) - (X^2)]dX$$

$$= \int_{-1}^{3} (-X^2 + 2X + 3)\,dX = \left[-\frac{X^3}{3} + X^2 + 3X \right]_{-1}^{3}$$

$$= (-\frac{27}{3} + 9 + 9) - (\frac{1}{3} + 1 - 3) = 9 - (-\frac{5}{3}) = \frac{32}{3}$$

EXEMPLE 4.13   Une entreprise veut acheter une nouvelle fraiseuse au prix de \$4 000. L'analyste de l'entreprise a estimé que l'é-pargne des frais (cost savings) que l'on obtiendrait de cette ma-chine pourrait être représenté par le modèle

$$E = \frac{9\ 000}{(t + 2)^2}$$

où t est le nombre d'années suivant l'achat de la fraiseuse et E, l'épargne annuelle en dollars.

Pour justifier l'achat de cette machine, on considère qu'el-le doit être rentable après 3 ans d'utilisation. Quelle décision doit-on prendre?

SOLUTION

Pour que la fraiseuse soit rentable après 3 années de service, il faut que l'épargne cumulée (qui est représentée par la surface sous la courbe) durant cette période soit d'au moins \$4 000, le prix d'achat.

On cherche donc à déterminer si

$$\int_{0}^{3} E\ dt \geq 4\ 000.$$

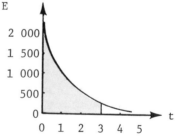

Evaluons l'épargne cumulée; on obtient

$$\int_{0}^{3} \frac{9\ 000}{(t+2)^2}\ dt = 9\ 000 \int_{0}^{3} (t+2)^{-2}dt$$

$$= \left[\frac{9\ 000}{(t+2)} \right]_{0}^{3}$$

$$= -\frac{9\ 000}{3+2} + \frac{9\ 000}{0+2} = -\ 1\ 800 + 4\ 500$$
$$= \$2\ 700$$

Puisque \$2 700 < \$4 000, la fraiseuse ne sera pas rentable après 3 ans; l'achat ne devrait donc pas être effectué.

4.6 VALEUR MOYENNE DE L'ORDONNÉE

La valeur moyenne de l'ordonnée (VMO) d'une courbe $Y = f(X)$, sur l'intervalle $a \leq X \leq b$, se définit comme suit:

$$\text{VMO} = \frac{\text{Aire sous la courbe}}{\text{base}}$$

$$= \frac{\displaystyle\int_a^b f(X)\,dX}{b-a}$$

Ce concept sera particulièrement utile dans le prochain chapitre sur les modèles de gestion des stocks.

EXEMPLE 4.14   Considérons la figure suivante

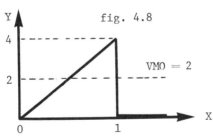

fig. 4.8

VMO = 2

L'expression mathématique de la courbe représentée par la figure 4.8 est la suivante:

$$Y = 4X, \quad 0 \leq X \leq 1$$
$$Y = 0, \quad\ \ X > 1$$

Déterminons la valeur moyenne de l'ordonnée

$$VMO = \frac{\displaystyle\int_a^b f(X)\,dX}{b-a}$$

$$= \frac{\displaystyle\int_0^1 4X\,dX}{1-0} = \left.2X^2\right|_0^1 \over 1 = 2$$

EXEMPLE 4.15   On donne le graphique suivant

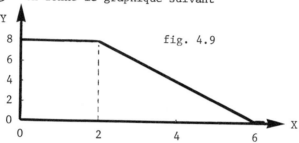

fig. 4.9

On veut déterminer l'expression mathématique de la courbe représentée à la figure 4.9 et calculer la valeur moyenne de Y.

SOLUTION

Le modèle mathématique de Y en fonction de X comportera deux expressions; en effet, la première est

$$Y = 8, \quad 0 \le X \le 2$$

La deuxième représentera l'équation d'une droite de la forme $Y = \beta_0 + \beta_1 X$. La pente, qui est négative, a comme valeur

$\beta_1 = -\dfrac{8}{6-2} = -2$. Il nous reste maintenant à déterminer l'ordonnée à l'origine β_0.

Puisque $Y = \beta_0 - 2X$, et que lorsque $X = 6$, $Y = 0$, on obtient $0 = \beta_0 - (2)(6)$, $\beta_0 = 12$ et l'équation est donc

$$Y = 12 - 2X$$

Le modèle est donc

$$Y = 8, \quad 0 \le X \le 2$$
$$Y = 12 - 2X, \quad 2 \le X \le 6$$
$$Y = 0, \quad X > 6$$

Déterminons maintenant la valeur moyenne de l'ordonnée:

$$VMO = \frac{\int_0^2 8\,dX + \int_2^6 (12 - 2X)\,dX}{6 - 0}$$

$$= \frac{8X \Big|_0^2 + 12X \Big|_2^6 - X^2 \Big|_2^6}{6}$$

$$= \frac{16 + (72 - 24) - (36 - 4)}{6} = \frac{32}{6} = 5,33$$

4.7 PROBLÈMES

1. Intégrer les fonctions suivantes et vérifier la solution en dérivant l'expression obtenue.

a) $\displaystyle\int (2X + 1)\,dX$

b) $\displaystyle\int (5X^2 + 3X - 2)\,dX$

c) $\displaystyle\int (3X + 2)^{\frac{1}{2}}\,dX$

d) $\displaystyle\int 4X^{-1}\,dX$

e) $\displaystyle\int (e^X + X^2 + 2)\,dX$

f) $\displaystyle\int (e^{6X} + 2)\,dX$

g) $\displaystyle\int (6X + 3)^2\,dX$

h) $\displaystyle\int (5X + 1)^{-1}\,dX$

i) $\displaystyle\int X \ln X\,dX$

j) $\displaystyle\int X^2 \sin X\,dX$

k) $\int X \cos X \, dX$

l) $\int X^2 e^{-3X} dX$

2. Déterminer l'équation de la courbe pour laquelle $\dfrac{d^2Y}{dX^2} = \dfrac{8}{X^3}$ et qui est tangente à la droite $4X + Y = 6$ au point $(1, 2)$.

3. Le taux de variation d'une fonction est $50\sqrt{X}$. Déterminer cette fonction sachant que la valeur de la fonction est 100 lorsque $X = 9$.

4. Soit $\dfrac{d^2Y}{dX^2} = 20 - 2X$. Déterminer l'équation de la fonction $Y = f(X)$ sachant que $\dfrac{dY}{dX} = 36$ lorsque $X = 2$ et que $Y = 189$ lorsque $X = 3$.

5. Le coût marginal (en \$) pour un certain bien en fonction de la quantité fabriquée X est $C' = 3X^2 - 5X + 1$.
    Quel est le coût total de la production pour $X = 10$ sachant que les coûts fixes sont de \$500.

6. Si l'expression du revenu marginal est $R' = 20 - 6X$, déterminer les fonctions du revenu total et de la demande.

7. Déterminer l'aire bornée par la courbe $Y = 5 + 2X^2$ et l'axe des X entre les limites $X = -2$ et $X = 2$. Vérifier que cette surface est le double de celle entre $X = 0$ et $X = 2$. Expliquer pourquoi.

8. Déterminer l'aire bornée par la courbe $Y = 2X + X^2 - X^3$, l'axe des X entre les limites $X = -1$ et $X = 2$.

9. Soit les fonctions de coût et de revenu suivantes:
$$C = -2X + 20,$$
$$R = 10X - X^2$$

où X est le prix unitaire en dollars.

a) Tracer ces deux fonctions sur le même graphique.

b) Déterminer les points de rencontre de ces deux fonctions et calculer l'aire bornée par ces deux fonctions. Indiquer cette surface sur le graphique en a).

c) Déterminer l'équation de profit et montrer que l'aire sous la fonction de profit et l'axe des X est égale à celle obtenue en b). Tracer la fonction de profit.

10. Une entreprise veut acheter une machine pour automatiser l'empaquetage; le coût d'achat est de $2 000. L'analyste de l'entreprise a estimé que le taux annuel d'épargne E dû à l'utilisation de cette nouvelle machine pouvait être représenté par la relation $E = 50t \cdot e^{-t}$ où t est le nombre d'années après l'achat.

Est-ce que le coût d'achat est récupéré après 3 années d'utilisation? Utiliser une table de la fonction exponentielle.

11. Une entreprise veut acheter une nouvelle machine automatique fabriquée en Europe. Cette machine peut être expédiée à Montréal au coût de $30 250. A l'aide d'expérimentation sur ordinateur (simulation), on estime que le taux annuel d'épargne E dû à l'utilisation de cette machine sera pour les 8 prochaines années, $E = 2\ 000t$, $0 \le t \le 8$ où t est le nombre d'années après l'achat.

a) Est-ce que la machine sera rentable après 6 années?

b) Après combien d'années la machine sera-t-elle rentable?

c) Si les coûts de transport de Montréal à l'usine, les coûts d'installation et les coûts de réglage totalisent $18 750, après combien d'années la machine sera-t-elle rentable?

12. Donner l'expression mathématique de ces différentes courbes et évaluer dans chacun des cas la valeur moyenne de l'ordonnée.

a)

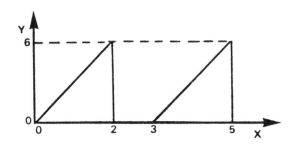

b)

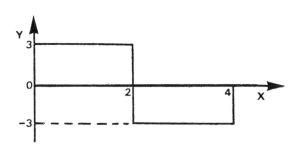

c)

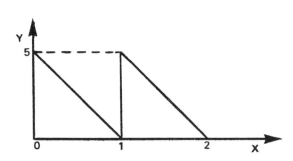

d)

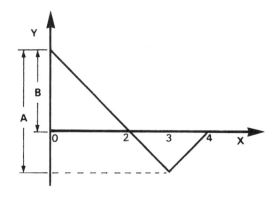

e)

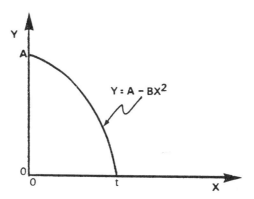

f)

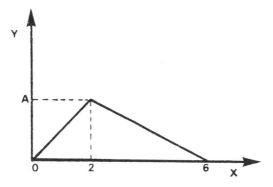

5

SOMMAIRE

5.1   Introduction

5.2   Différentes catégories de coûts dans un modèle de gestion des stocks

5.3   Modèle 1: modèle sans rupture de stock et délai de livraison nul

5.4   Détermination de la quantité optimale: modèle 1

5.5   Délai d'approvisionnement constant

5.6   Modèle 2: taux d'approvisionnement fini

5.7   Détermination de la quantité optimale: modèle 2

5.8   Modèle 3: modèle avec rupture de stock

5.9   Détermination de la politique optimale pour le modèle 3

5.10 Autres modèles

5.11 Problèmes

MODÈLES DE GESTION DES STOCKS

CHAPITRE 5

5.1 INTRODUCTION

Dans ce dernier chapitre, nous voulons aborder quelques modèles déterministes de gestion des stocks. Notre objectif sera triple - formuler, basés sur certaines hypothèses, les modèles mathématiques qui pourraient représenter la variation du stock dans le temps, - incorporer dans les modèles les différents coûts et par suite, - optimiser ces modèles avec les techniques que nous avons traitées dans les chapitres précédents.

5.2 DIFFÉRENTES CATÉGORIES DE COÛTS DANS UN MODÈLE DE GESTION DES STOCKS

Les stocks constituent un des éléments importants de l'entreprise. Ils permettent un approvisionnement optimal de chaque secteur d'activité; au sens classique, les stocks permettent de fournir le produit en temps, en lieu et en quantité. Toutefois l'approvisionnement et le stockage engendrent des frais, parfois très élevés.

Dans la plupart des modèles de gestion, le réalisme du modèle dépend énormément du comportement et de l'estimation des coûts impliqués. Sans détailler d'une façon exhaustive tous les frais, nous allons, pour les modèles que nous traiterons, les regrouper sous trois catégories: coût d'approvisionnement, coût de stockage et coût dû à une rupture du stock.

Coût d'approvisionnement

Ce coût peut comprendre deux composantes:
1) le coût que l'on doit effectivement payer pour les articles
2) le coût de passation d'une commande (parfois appelé frais d'acquisition) qui peut comprendre les dépenses matérielles que doit subir le service des achats, la rémunération du personnel, la manutention des articles, le contrôle qualitatif... Toutefois, si la commande s'effectue à l'intérieur de l'entreprise, à un département de production par exemple, on devra alors considérer les coûts de réglage de l'équipement et les coûts de fabrication.

Coût de stockage

Le coût de stockage est celui de maintenir en stock une unité d'un certain produit pendant une certaine période de temps. Ce coût peut comporter différentes composantes comme assurance des articles, dépréciation, entretien de l'entrepôt, coût du capital (manque à gagner causé par le capital immobilisé dans les articles en stock),...

Coût de la rupture de stock

L'entreprise peut ne pas satisfaire la demande d'un client. Dans le cas d'une rupture de stock deux choses peuvent se produire: la demande peut être ou annulée ou reportée. Toutefois, des ventes reportées peuvent éventuellement conduire à la perte d'un client, affecter le renom de l'entreprise,... Si la demande concerne une certaine matière première, ceci peut alors conduire à l'arrêt d'une chaîne d'assemblage, un temps mort dans un départe-

ment, un changement dans la suite des opérations,... Il est qua-
siment impossible de formuler ce coût de rupture, sinon d'une façon très approximative.

Dans toute entreprise, gérer les stocks consiste essentiel-
lement à répondre à deux questions:

- *Quand* faut-il réapprovisionner le stock?

- *Combien* faut-il commander?

Toutefois, l'étude des problèmes de stocks par les moyens
de la recherche opérationnelle a donné naissance à un grand nombre de modèles mathématiques très variés. Nous ne traiterons que
de quelques cas simples et, avec les modèles que nous aurons for-
mulés, nous essayerons de répondre aux deux questions précédentes.

5.3 MODÈLE 1 : MODÈLE SANS RUPTURE DE STOCK ET DÉLAI DE LIVRAISON NUL

Le premier modèle que nous traitons est le plus simple et
le plus classique; il est attribué à F.W. Harris de la Société
Westinghouse (1915).

Ce modèle repose sur les hypothèses suivantes:

a) la consommation de l'article s'effectue d'une façon régulière
et à un taux de consommation β sur une période donnée (consommation annuelle, par exemple);

b) l'approvisionnement se fait par commandes de Q unités à la
fois lorsque le stock est nul;

c) la reconstitution du stock est instantanée c.-à-d. le passage
du niveau 0 unité au niveau Q unités est instantané;

d) le délai d'approvisionnement est nul;

e) le niveau du stock n'est jamais inférieur à 0: aucune pénurie
de stock.

La courbe suivante, en forme de dents de scie, représente
l'évolution du stock d'un article en fonction du temps.

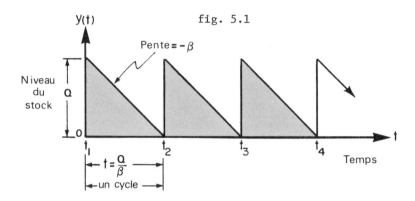

fig. 5.1

On remarque que l'évolution du stock est cyclique; un cycle est complété lorsque l'on passe du niveau Q au niveau 0, avec un taux de consommation régulier β. D'après la représentation graphique de la figure 5.1, on peut écrire que le niveau du stock y(t) à l'intérieur d'un cycle est donné par la relation linéaire

$$y(t) = Q - \beta t$$

Les deux seuls coûts que nous devons considérer pour cette situation sont le coût d'approvisionnement et le coût de stockage.

Coût d'approvisionnement

Le coût d'approvisionnement peut comporter un coût fixe C_0 (coût de réglage de l'équipement s'il y a mise en fabrication ou coût de passation de la commande) et un coût variable C_f, directement lié à la fabrication (ou l'achat) de l'article.

Identifions par CA(Q), le coût d'approvisionnement par commande; alors

$$CA(Q) = \begin{cases} 0 & , \text{ si } Q = 0 \\ C_0 + C_f Q, & \text{ si } Q > 0 \end{cases}$$

Coût de stockage

Identifions par CS(Q), le coût de stockage pour un cycle (durée Q/β) et C_S, le coût de stockage d'un article par unité de temps. Alors

$$CS(Q) = C_S \cdot \int_0^{Q/\beta} y(t)\,dt \qquad \text{où l'intégrale représente la}$$

sommation du stock sur la durée d'un cycle Q/β. Donc

$$CS(Q) = C_S \cdot \int_0^{Q/\beta} (Q - \beta t)\,dt = C_S \cdot \left[Qt - \frac{\beta t^2}{2} \right]_0^{Q/\beta}$$

$$CS(Q) = C_S \left[\frac{Q^2}{\beta} - \frac{\beta Q^2}{2\beta^2} \right] = \frac{C_S Q^2}{2\beta}$$

Remarque. $\frac{Q^2}{2\beta}$ représente la surface située en-dessous de la courbe en dents de scie; c'est le volume des marchandises
stockées au cours d'un cycle.

Coût total pour un cycle

CT = coût d'approvisionnement + coût de stockage

CT = CA(Q) + CS(Q)

$$= C_0 + C_f Q + \frac{C_S Q^2}{2\beta}$$

Toutefois le nombre de cycles par période (un an, par exemple) est

$$N = \frac{\beta}{Q}$$

puisque β est la quantité consommée durant une période et non durant un cycle.

Coût total pour une période

Le coût total CTS pour une période est

CTS = N·CT

$$= NC_0 + NC_f Q + \frac{NC_S Q^2}{2\beta} . \quad \text{Mais } N = \frac{\beta}{Q} , \text{ alors}$$

$$CTS = \frac{\beta}{Q} C_0 + \beta C_f + \frac{C_S Q}{2}$$

Ainsi, pour une période quelconque comprenant N cycles,
nous subissons un coût de réglage (ou passation de la commande)

qui est directement proportionnel au nombre de cycles ou nombre de commandes à effectuer durant la période considérée, un coût de fabrication (ou d'achat) directement lié à la quantité β consommée ou fabriquée durant la période et un coût de stockage basé sur le niveau moyen du stock Q/2.

Remarque. On peut déterminer le niveau moyen du stock en utilisant la définition de la valeur moyenne de l'ordonnée.

$$\text{VMO} = \frac{\text{Surface sous la courbe}}{\text{Base}}$$

Alors

$$\text{Niveau moyen du stock} = \frac{\displaystyle\int_0^{Q/\beta} y(t)\,dt}{Q/\beta}$$

$$= \frac{\displaystyle\int_0^{Q/\beta} (Q - \beta t)\,dt}{Q/\beta}$$

$$= \frac{Q^2/2\beta}{Q/\beta} = Q/2$$

Il nous reste maintenant à déterminer les règles de décision à suivre qui vont minimiser le coût total CTS de ce modèle de gestion de stocks.

5.4   DÉTERMINATION DE LA QUANTITÉ OPTIMALE: MODÈLE 1

Minimisation de la fonction de coût

Nous voulons déterminer la quantité optimale à commander afin de minimiser la fonction du coût total de ce système de stockage. En utilisant le test de la dérivée seconde, on veut minimiser la fonction

$$\text{CTS} = \frac{\beta}{Q}\,C_0 + \beta C_f + C_S\,\frac{Q}{2}$$

Les conditions que l'on doit satisfaire sont:

$$\frac{dCTS}{dQ} = 0, \qquad \frac{d^2CTS}{dQ^2} > 0.$$

Ainsi

$$\frac{dCTS}{dQ} = \frac{d}{dQ} \left(\frac{\beta}{Q} C_0 + \beta C_f + C_S \frac{Q}{2} \right)$$

$$= -\frac{\beta C_0}{Q^2} + \frac{C_S}{2}$$

Annulant la dérivée première, on obtient

$$-\frac{\beta C_0}{Q^2} + \frac{C_S}{2} = 0. \quad \text{Résolvant pour } Q,$$

on trouve

$$Q^2 = \frac{2\beta C_0}{C_S}$$

$$Q = +\sqrt{\frac{2\beta C_0}{C_S}}$$

La deuxième condition qui assure un minimum est vérifiée puisque

$$\frac{d^2CTS}{dQ^2} = \frac{d}{dQ} \left(-\frac{\beta C_0}{Q^2} + \frac{C_S}{2} \right)$$

$$= \frac{2\beta C_0}{Q^3} > 0.$$

Quantité optimale

La quantité optimale à commander est donc

$$Q^* = +\sqrt{\frac{2\beta C_0}{C_S}}$$

On commandera donc Q^* unités chaque fois que le stock a atteint le niveau 0.

Remarques. 1) La quantité à commander est donc indépendante du coût (fabrication ou achat) unitaire C_f.

2) Cette formule de la commande optimale est aussi connue sous le nom de *Formule de Wilson*.

3) Elle s'applique aussi bien à des quantités achetées qu'à des quantités fabriquées.

Nombre optimum de réapprovisionnements

Le nombre optimum de réapprovisionnements à effectuer durant la période est

$$N^* = \frac{\beta}{Q^*}$$

Temps entre chaque réapprovisionnement

Le temps entre chaque commande est simplement

$$t^* = \frac{1}{N^*} = \frac{Q^*}{\beta}$$

Coût optimum du système de stockage

Le coût minimum de ce système de stockage (incluant les frais d'achat ou de fabrication) est

$$CTS^* = \beta C_f + \frac{\beta C_0}{Q^*} + C_S \frac{Q^*}{2}$$

EXEMPLE 5.1   Supposons que le taux de la demande pour un certain article est de 5 000 unités par an et que la consommation est répartie d'une façon régulière sur l'année. L'entreprise doit produire cet article. Les coûts de réglage des machines pour chaque mise en fabrication est de \$100. Le coût de fabrication est de \$5.00/unité et le coût de stockage est de 20% du coût de fabrication. On veut déterminer la taille optimale de chaque lot de fabrication, le nombre optimum de mise en fabrication ainsi que le temps entre chacune et le coût total de ce système de stockage.

SOLUTION

Nous voulons déterminer de quelle façon nous allons répartir, au cours de l'année, la mise en fabrication des 5 000 unités en supposant que le modèle 1 de gestion des stocks s'applique.

D'après les données du problème, nous savons que

$$\beta = 5\ 000, \quad C_0 = \$100, \quad C_f = \$5, \quad C_S = (0,20)(5) = \$1,$$

et la période de temps considérée est une année.

La quantité optimale de chaque mise en fabrication est

$$Q^* = \sqrt{\frac{2\beta C_0}{C_S}} = \sqrt{\frac{(2)(5\ 000)(100)}{1}} = 1\ 000 \text{ unités}$$

Le nombre de mises en fabrication au cours de l'année est

$$N^* = \frac{\beta}{Q^*} = \frac{5\ 000}{1\ 000} = 5$$

et le temps entre chaque lot fabriqué est

$$t^* = \frac{1}{N} = \frac{1}{5} = 0,2 \text{ an} \quad \text{soit toutes les 10 semaines.}$$

Le coût total de ce système de stockage est

$$\begin{aligned}
CTS^* &= \beta C_f + \frac{\beta C_0}{Q^*} + C_S \frac{Q^*}{2} \\
&= (5\ 000)(5) + (5)(100) + (1)(500) \\
&= 25\ 000 + 500 + 500 = \$26\ 000
\end{aligned}$$

Le niveau moyen du stock pour l'année est

$$\frac{Q^*}{2} = \frac{1\ 000}{2} = 500 \text{ unités}$$

L'évolution du stock pour l'année est présentée à la figure 5.2.

fig. 5.2

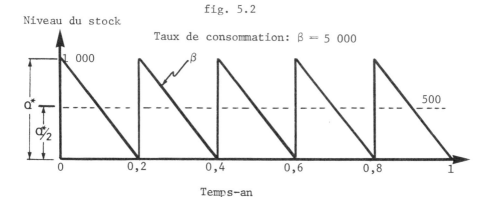

Si d'autre part, les 5 000 unités étaient fabriquées au début de l'année en un seul lot et stocker, le coût serait

$$(5\ 000)(5) + (1)(100) + (1)(2\ 500) = \$27\ 600$$

Dans ce cas, il est donc plus avantageux d'adopter le modèle 1 comme système de stockage.

A titre d'exemple, nous donnons la variation des différents coûts pour différentes quantités Q.

Taille du lot Q	Nombre de commandes $N = \dfrac{\beta}{Q}$	Coût de fabrication βC_f ($\beta = 5\ 000$)	Coût de réglage $N C_0$	Coût de stockage $C_S\, Q/2$	Coût total CTS
200	25	25 000	2 500	100	27 600
500	10	25 000	1 000	250	26 250
1 000	5	25 000	500	500	26 000
1 250	4	25 000	400	625	26 025
2 500	2	25 000	200	1 250	26 450
5 000	1	25 000	100	2 500	27 600

$Q^* \longrightarrow$ 1 000

La variation du coût total du système de stockage, en fonction de différentes quantités Q est illustrée sur la figure 5.3.

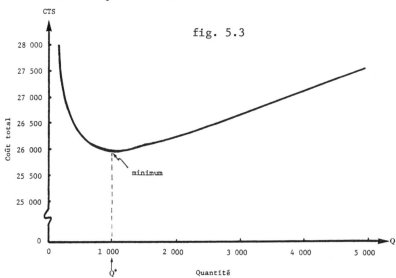

fig. 5.3

5.5 DÉLAI D'APPROVISIONNEMENT CONSTANT

Considérons à nouveau le modèle 1 mais cette fois en spécifiant que le délai d'approvisionnement est une valeur constante λ. (Dans le cas du modèle 1, $\lambda = 0$).

Les règles de décision que nous avons établies pour le modèle 1 s'appliquent à nouveau; toutefois le niveau de réapprovisionnement R ne sera plus 0 mais une valeur positive

$$R = \lambda \ \beta$$

On s'assurera que la valeur de β est exprimée dans des unités compatibles avec celles de λ. En effet, si λ est exprimé en jours, le taux de consommation β doit être exprimé en unités/jour.

L'évolution du stock dans le temps est présentée à la figure 5.4.

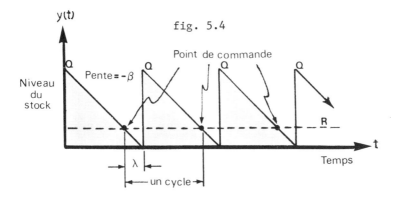

fig. 5.4

EXEMPLE 5.2 Utilisons les données de l'exemple 5.1 et supposons cette fois qu'il existe un délai de réapprovisionnement de 5 jours chaque fois que nous plaçons une commande. A quel moment doit-on se réapprovisionner?

SOLUTION

Les règles de décision sont les mêmes, soient

$Q^* = 1\ 000$ unités, $N = 5$, toutefois le point de réapprovisionnement est modifié.

Puisque $\lambda = 5$ jours, calculons le taux de consommation journalier. En admettant une période de 250 jours dans l'année, alors

$$\beta = \frac{5\ 000}{250} = 20 \text{ unités/jour}$$

Le niveau de réapprovisionnement est donc

$$R = \lambda\ \beta = (5)(20) = 100 \text{ unités}$$

Donc à chaque fois que le niveau du stock atteint 100 unités, nous passons une commande de 1 000 unités. L'évolution du stock pour cet exemple est présentée à la figure 5.5.

fig. 5.5

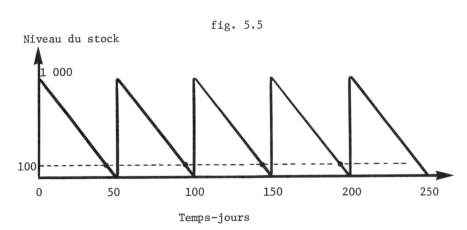

Temps-jours

5.6 MODÈLE 2 : TAUX D'APPROVISIONNEMENT FINI

Considérons maintenant la situation où l'approvisionnement s'effectue à un taux fini et non instantané comme dans le cas du modèle 1. Dans le modèle 1, on considérait que le niveau du stock était augmenté d'une quantité égale à la taille de la commande chaque fois que celle-ci était reçue. Dans le modèle 2, les unités vont s'accumuler à mesure qu'elles sont fabriquées à un taux de production fini.

Notons par α, le taux de production et par β, le taux de consommation des unités; une solution réalisable n'est possible qu'à la condition que $\alpha > \beta$.

L'évolution du stock dans le temps est présentée à la figure 5.6.

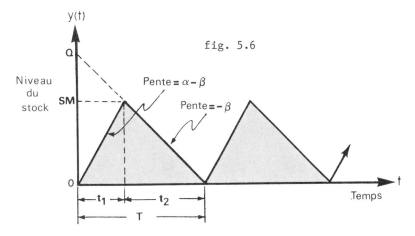

D'après la figure 5.6, nous remarquons que les unités sont
placées en stock à mesure qu'elles sont fabriquées; durant la période de fabrication, les unités sont quand même écoulées au taux
de consommation β. Le niveau du stock augmentera donc au taux
$(\alpha - \beta)$

Modélisation du niveau du stock

Représentons par SM, le niveau maximal du stock. D'après
la représentation graphique, le niveau du stock en tout temps t
s'écrit

$$y(t) = \begin{cases} (\alpha - \beta)t, & 0 \le t \le t_1 \\ \\ (Q - \beta t), & t_1 < t \le T \end{cases}$$

où t_1 représente la période de temps requise pour la fabrication
de Q unités et T, la durée du cycle.

Coût de stockage

Notons par CS(Q) le coût de stockage pour un cycle et C_S, le
coût de stockage d'une unité de l'article par unité de temps.

Le coût de stockage pour un cycle s'écrit

$$CS(Q) = C_S \int_0^T y(t)dt = C_S \int_0^{t_1}(\alpha - \beta)t \; dt + C_S \int_{t_1}^T (Q-\beta t)dt$$

$$= C_S \left[\frac{\alpha t^2}{2} - \frac{\beta t^2}{2} \right]_0^{t_1} + C_S \left[(Qt - \frac{\beta t^2}{2}) \right]_{t_1}^T$$

$$= C_S \left[\frac{\alpha t_1^2}{2} - \frac{\beta t_1^2}{2} \right] + C_S \left[QT - \frac{\beta T^2}{2} - Qt_1 + \frac{\beta t_1^2}{2} \right]$$

$$= C_S \left[\frac{\alpha t_1^2}{2} + QT - \frac{\beta T^2}{2} - Qt_1 \right]$$

$$= C_S \left[\frac{\alpha t_1^2}{2} + Q(T - t_1) - \frac{\beta T^2}{2} \right]$$

D'autre part, d'après la géométrie de la figure, on a

$$t_1 = \frac{SM}{\alpha-\beta} , \quad t_2 = \frac{SM}{\beta} , \quad T = t_1 + t_2 = \frac{Q}{\beta}$$

Alors $\quad T = \dfrac{SM}{\alpha-\beta} + \dfrac{SM}{\beta} = \dfrac{Q}{\beta} , \quad SM(\dfrac{1}{\alpha-\beta} + \dfrac{1}{\beta}) = \dfrac{Q}{\beta} ,$

$$\frac{SM \; \alpha}{(\alpha-\beta)\beta} = \frac{Q}{\beta} \; .$$

Donc le niveau maximal du stock peut s'écrire

$$SM = \frac{Q(\alpha-\beta)}{\alpha}$$

Substituant cette dernière expression dans

$$t_1 = \frac{SM}{\alpha-\beta} , \text{ on trouve}$$

$$t_1 = \frac{Q(\alpha-\beta)}{\alpha(\alpha-\beta)} = \frac{Q}{\alpha}$$

Donc $\quad t_1 = \dfrac{Q}{\alpha} \quad$ et $\quad T = \dfrac{Q}{\beta}$

Substituant ces expressions dans $CS(Q)$, on obtient

$$CS(Q) = C_S \left[\frac{\alpha Q^2}{2\alpha^2} + Q(\frac{Q}{\beta} - \frac{Q}{\alpha}) - \frac{\beta Q^2}{2\beta^2} \right]$$

$$= C_S \left[\frac{Q^2}{2\alpha} + \frac{Q^2}{\beta} - \frac{Q^2}{\alpha} - \frac{Q^2}{2\beta} \right]$$

$$= C_S \left[\frac{Q^2}{2\beta} - \frac{Q^2}{2\alpha} \right]$$

$$= \frac{C_S Q^2}{2} \left[\frac{1}{\beta} - \frac{1}{\alpha} \right]$$

qui est l'expression du coût de stockage pour un cycle.

Si nous incluons les coûts de fabrication et réglage dans le modèle, on obtient l'expression suivante pour le coût total pour un cycle:

$$CT = C_0 + C_f Q + \frac{C_S Q^2}{2} (\frac{1}{\beta} - \frac{1}{\alpha})$$

Le coût total du système de stockage pour une période donnée comportant $N = \frac{\beta}{Q}$ cycles est

$$CTS = (\frac{\beta}{Q}) CT$$

$$= \frac{\beta}{Q} C_0 + C_f \beta + C_S \frac{Q\beta}{2} (\frac{1}{\beta} - \frac{1}{\alpha})$$

$$CTS = \frac{\beta}{Q} C_0 + C_f \beta + C_S \frac{Q}{2} (1 - \frac{\beta}{\alpha})$$

Remarque. Si le taux de production est instantané au lieu d'être fini, alors $\alpha \to \infty$ et $\frac{\beta}{\alpha} \to 0$; nous retrouvons l'expression du coût total du modèle 1.

Déterminons maintenant les règles de décision à suivre qui vont permettre de minimiser CTS.

5.7 DÉTERMINATION DE LA QUANTITÉ OPTIMALE : MODÈLE 2

En utilisant le test de la dérivée seconde, on veut minimiser la fonction

$$CTS = \frac{\beta}{Q} C_0 + C_f \beta + C_S \frac{Q}{2} (1 - \frac{\beta}{\alpha})$$

Donc il faut

$$\frac{dCTS}{dQ} = 0 \quad \text{et} \quad \frac{d^2CTS}{dQ^2} > 0.$$

La dérivée première est

$$\frac{dCTS}{dQ} = -\frac{\beta C_0}{Q^2} + \frac{C_S}{2}(1 - \frac{\beta}{\alpha})$$

Annulant la dérivée première, on obtient

$$-\frac{\beta C_0}{Q^2} + \frac{C_S}{2}(1 - \frac{\beta}{\alpha}) = 0$$

D'où

$$Q^2 = \frac{2\beta C_0}{C_S(1 - \frac{\beta}{\alpha})}$$

et

$$Q = +\sqrt{\frac{2\beta C_0}{C_S(1 - \frac{\beta}{\alpha})}}$$

Vérifions la deuxième condition. La dérivée seconde est

$$\frac{d^2CTS}{dQ} = \frac{2\beta C_0}{Q^3} > 0 \text{ puisque } \beta, C_0 \text{ et } Q \text{ sont } > 0.$$

Politique optimale

La taille optimale d'un lot, lorsque le taux de production est fini est

$$Q^* = +\sqrt{\frac{2\beta C_0}{C_S(1 - \frac{\beta}{\alpha})}}$$

et le stock maximal est

$$SM^* = \frac{Q^*(\alpha - \beta)}{\alpha}$$

Le temps entre chaque mise en fabrication est

$$T^* = \frac{Q^*}{\beta}$$

et le nombre de lots à fabriquer durant la période est

$$N^* = \frac{\beta}{Q^*}$$

Le coût minimum de ce système est

$$CTS^* = \frac{\beta C_0}{Q^*} + C_f \beta + C_S \frac{Q^*}{2} (1 - \frac{\beta}{\alpha}) = \frac{\beta C_0}{Q^*} + C_f \beta + C_S \frac{SM^*}{2}$$

Remarques. 1) Lorsque le niveau du stock atteint 0, Q^* unités sont mises en fabrication

2) S'il existe aussi un délai de livraison λ, le point de réapprovisionnement sera alors

$$R = \lambda \beta,$$

au lieu de 0.

3) Il est facile de vérifier que le niveau moyen du stock pour ce modèle est

$$\text{Niveau moyen du stock} = \frac{SM^*}{2}$$

EXEMPLE 5.3   Utilisons à nouveau les données de l'exemple 5.1 où

$$\beta = 5\ 000, \quad C_0 = \$100, \quad C_f = \$5 \quad \text{et} \quad C_S = \$1.$$

Toutefois, le taux de production est 13 890 unités annuellement.

Quelle politique le responsable de la production doit-il envisager pour minimiser les frais de mise en fabrication et de stockage.

SOLUTION

Nous devons appliquer les règles de décision du modèle 2.

La taille optimale de chaque lot est

$$Q^* = \sqrt{\frac{2\beta C_0}{C_S (1 - \frac{\beta}{\alpha})}} = \sqrt{\frac{(2)(5\ 000)(100)}{(1)(1 - \frac{5\ 000}{13\ 890})}}$$

$$= \sqrt{\frac{1\ 000\ 000}{(1)(1 - 0,36)}} = \sqrt{1\ 562\ 500} = 1\ 250$$

$$Q^* = 1\ 250 \text{ unités}$$

Lorsque le niveau du stock de l'article atteint 0, on doit mettre en fabrication 1 250 unités.

Le nombre optimum de mises en fabrication est

$$N^* = \frac{\beta}{Q^*} = \frac{5\ 000}{1\ 250} = 4$$

et le temps entre chacune est

$$T^* = \frac{1}{N^*} = \frac{1}{4} = 0,25 \text{ an}$$

soit tous les trois mois.

Le niveau maximal du stock est

$$SM^* = \frac{Q^*(\alpha-\beta)}{\alpha} = \frac{(1\ 250)(13\ 890 - 5\ 000)}{13\ 890} = \frac{(1\ 250)(8\ 890)}{13\ 890}$$

$$= 800 \text{ unités.}$$

Le coût total à l'aide de ce modèle est

$$CTS^* = \frac{(5\ 000)}{1\ 250}(100) + (5)(5\ 000) + \frac{(1)(800)}{2}$$

$$= 400 + 25\ 000 + 400 = \$25\ 800.$$

Le modèle 2, tout en étant plus réaliste que le modèle 1, est aussi plus économique (\$25 800 < \$26 000), les frais de réglage et de stockage étant moins élevés.

L'évolution du stock dans le temps est présentée à la figure 5.7.

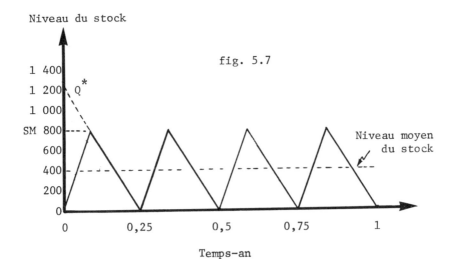

5.8 MODÈLE 3 : MODÈLE AVEC RUPTURE DE STOCK

Envisageons maintenant la situation où il y a rupture de stock et où les ventes sont reportées. Supposons que l'évolution du stock dans le temps se comporte d'après la figure 5.8.

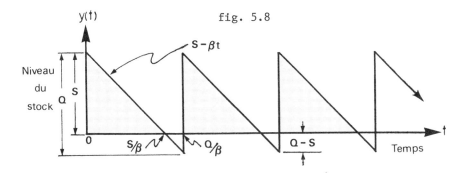

fig. 5.8

S représente le stock en main au début de chaque cycle.

Associons à la pénurie de stock, un coût de C_p dollars/unité/unité de temps.

Les différents coûts associés à ce modèle sont

a) le coût d'approvisionnement CA(Q)

b) le coût de stockage CS(S)

c) le coût de pénurie du stock CP(Q,S).

Coût d'approvisionnement par commande

$$CA(Q) = \begin{cases} 0, & \text{si } Q = 0 \\ \\ C_0 + C_f Q, & \text{si } Q > 0 \end{cases}$$

Coût de stockage pour un cycle

$$CS(S) = C_S \int_0^{S/\beta} y(t)dt = C_S \int_0^{S/\beta} (S - \beta t)dt$$

$$= C_S \left[St - \frac{\beta t^2}{2} \right]_0^{S/\beta}$$

$$= C_S \left[\frac{S^2}{\beta} - \frac{\beta S^2}{2\beta^2} \right] = \frac{C_S S^2}{2\beta}$$

Coût de pénurie du stock pour un cycle

$$CP(Q,S) = C_P \int_{S/\beta}^{Q/\beta} (S - \beta t)dt = C_P \left[St - \frac{\beta t^2}{2} \right]_{S/\beta}^{Q/\beta}$$

$$= C_P (\frac{SQ}{\beta} - \frac{\beta Q^2}{2\beta^2} - \frac{S^2}{\beta} + \frac{S^2\beta}{2\beta^2})$$

$$= C_P (\frac{SQ}{\beta} - \frac{Q^2}{2\beta} - \frac{S^2}{2\beta})$$

Toutefois, puisque $y(t) = S - \beta t \leq 0$ dans l'intervalle $S/\beta \leq t \leq Q/\beta$, nous devons multiplier par -1, le résultat obtenu précédemment (cas 2, page 134).

Donc multipliant par -1, on obtient

$$CP(Q,S) = C_P (\frac{Q^2}{2\beta} - \frac{SQ}{\beta} + \frac{S^2}{2\beta})$$

$$= \frac{C_P}{2\beta} (Q^2 - 2SQ + S^2)$$

$$= \frac{C_P}{2\beta} (Q - S)^2$$

Le coût total pour un cycle est donc

$$CT = CA(Q) + CS(S) + CP(Q,S)$$

$$= C_0 + C_f Q + \frac{C_S S^2}{2\beta} + \frac{C_P}{2\beta} (Q - S)^2$$

Le nombre de cycles pour une période quelconque étant $N = \frac{\beta}{Q}$, alors le coût total pour une période avec ce modèle de gestion des stocks est

$$CTS = NC_0 + NC_f Q + \frac{NC_S S^2}{2\beta} + \frac{NC_P (Q - S)^2}{2\beta}$$

$$CTS = \frac{\beta C_0}{Q} + \beta C_f + \frac{C_S S^2}{2Q} + \frac{C_P (Q - S)^2}{2Q}$$

Nous remarquons que le coût total CTS dépend maintenant de Q et S. Dans ce cas, notre objectif sera de déterminer les valeurs de Q et S qui minimisent la fonction du coût total.

5.9 DÉTERMINATION DE LA POLITIQUE OPTIMALE POUR LE MODÈLE 3

Nous devons minimiser la fonction du coût total

$$CTS = \frac{\beta C_0}{Q} + \beta C_f + \frac{C_S S^2}{2Q} + \frac{C_p (Q - S)^2}{2Q}$$

par rapport à Q et à S.

Nous devons donc faire appel aux dérivées partielles que nous avons traitées au chapitre 3.

Tout d'abord, il faut trouver les valeurs de Q et S qui annulent les dérivées premières:

$$\frac{\partial CTS}{\partial Q} = 0, \quad \frac{\partial CTS}{\partial S} = 0$$

La dérivée première par rapport à S est

$$\frac{\partial CTS}{\partial S} = \frac{2SC_S}{2Q} + \frac{2C_p (Q - S)(-1)}{2Q} = 0$$

$$\frac{C_S S}{Q} - \frac{C_p (Q - S)}{Q} = 0$$

$$\frac{C_S S}{Q} - C_p + \frac{C_p S}{Q} = 0$$

$$S\left(\frac{C_S}{Q} + \frac{C_p}{Q}\right) = C_p$$

D'où l'on trouve

$$S = \frac{C_p Q}{C_S + C_p}$$

La dérivée première par rapport à Q est

$$\frac{\partial CTS}{\partial Q} = -\frac{\beta C_0}{Q^2} - \frac{C_S S^2}{2Q^2} + \frac{2C_P(Q-S)}{2Q} - \frac{C_P(Q-S)^2}{2Q^2} = 0$$

$$-\frac{2\beta C_0}{2Q^2} - \frac{C_S S^2}{2Q^2} + \frac{2C_P Q(Q-S)}{2Q^2} - \frac{C_P(Q-S)^2}{2Q^2} = 0$$

L'expression peut alors s'écrire

$$-2\beta C_0 - C_S \cdot S^2 + 2C_P Q(Q-S) - C_P(Q-S)^2 = 0$$

Développant, on obtient

$$-2\beta C_0 - C_S \cdot S^2 + 2C_P Q^2 - 2C_P Q \cdot S - C_P(Q^2 - 2QS + S^2) = 0$$

$$-2\beta C_0 - C_S \cdot S^2 + 2C_P \cdot Q^2 - 2C_P Q \cdot S - C_P \cdot Q^2 + 2C_P QS - C_P S^2 = 0$$

$$-2\beta C_0 - C_S \cdot S^2 + C_P Q^2 - C_P S^2 = 0$$

$$-2\beta C_0 - C_S \cdot S^2 + C_P \cdot Q^2 - C_P \cdot S^2 = 0$$

$$C_P Q^2 = 2\beta C_0 + C_S \cdot S^2 + C_P \cdot S^2$$

$$C_P \cdot Q^2 = 2\beta C_0 + S^2(C_S + C_P)$$

$$Q^2 = \frac{2\beta C_0}{C_P} + S^2\left(\frac{C_S + C_P}{C_P}\right)$$

D'autre part,

$$S = \frac{C_P \cdot Q}{C_S + C_P}$$

alors,

$$Q^2 = \frac{2\beta C_0}{C_P} + \left(\frac{C_P Q}{C_S + C_P}\right)^2 \cdot \left(\frac{C_S + C_P}{C_P}\right)$$

$$= \frac{2\beta C_0}{C_P} + \frac{C_P^2 \cdot Q^2}{(C_S + C_P)^2} \cdot \frac{(C_S + C_P)}{C_P}$$

$$Q^2 = \frac{2\beta C_0}{C_P} + \frac{C_P Q^2}{(C_S + C_P)}$$

$$Q^2 - \frac{C_P Q^2}{(C_S + C_P)} = \frac{2\beta C_0}{C_P}$$

$$Q^2 (1 - \frac{C_P}{C_S + C_P}) = \frac{2\beta C_0}{C_P}$$

$$Q^2 (\frac{C_S + C_P - C_P}{C_S + C_P}) = \frac{2\beta C_0}{C_P}$$

$$Q^2 (\frac{C_S}{C_S + C_P}) = \frac{2\beta C_0}{C_P}$$

$$Q^2 (\frac{C_S}{C_S + C_P}) = \frac{2\beta C_0}{C_P}$$

$$Q^2 = \frac{2\beta C_0}{C_P} \cdot \frac{(C_S + C_P)}{C_S}$$

$$Q^2 = \frac{2\beta C_0}{C_S} \cdot \frac{C_S + C_P}{C_P}$$

La quantité optimale d'une commande est donc

$$Q^* = \sqrt{\frac{2\beta C_0}{C_S}} \cdot \sqrt{\frac{C_S + C_P}{C_P}}$$

Le niveau optimal du stock en entrepôt est alors

$$S^* = \frac{C_P \cdot Q^*}{C_S + C_P} = \frac{C_P}{C_S + C_P} \cdot \sqrt{\frac{2\beta C_0}{C_S}} \cdot \sqrt{\frac{C_S + C_P}{C_P}}$$

$$= \sqrt{\frac{2\beta C_0}{C_S}} \cdot \sqrt{\frac{C_P^2 \cdot (C_S + C_P)}{(C_S + C_P)^2 \cdot C_P}}$$

$$S^* = \sqrt{\frac{2\beta C_0}{C_S}} \sqrt{\frac{C_P}{C_S + C_P}}$$

Le temps optimal entre chaque commande est

$$t^* = \frac{Q^*}{\beta} = \frac{\sqrt{\dfrac{2\beta C_0}{C_S}} \cdot \sqrt{\dfrac{C_S + C_P}{C_P}}}{\beta}$$

qui peut s'écrire

$$t^* = \sqrt{\frac{2C_0}{\beta C_S}} \cdot \sqrt{\frac{C_S + C_P}{C_P}}$$

et le nombre optimum de commandes est

$$N^* = \frac{1}{t^*} = \frac{\beta}{Q^*}$$

Le coût minimum par période avec ce modèle de gestion des stocks est

$$CTS^* = \frac{\beta}{Q^*} C_0 + \beta C_f + \frac{C_S \cdot S^{*2}}{2Q^*} + \frac{C_P(Q^* - S^*)^2}{2Q^*}$$

Remarques. 1) On peut vérifier que le niveau moyen du stock pour le modèle 3 est:

$$\text{Niveau moyen du stock} = \frac{S^{*2}}{2Q^*}$$

2) Lorsqu'aucune pénurie de stock n'est permise ($C_P \to \infty$), l'expression Q^* devient celle du modè-le 1; de même $\dfrac{C_P}{C_S + C_P} \to 1$, alors $S^* \to Q^*(Q^* - S^* \to 0)$

et nous retrouvons les expressions du modèle 1.

EXEMPLE 5.4   Considérons à nouveau les données de l'exemple 5.1 où

$$\beta = 5\,000, \quad C_0 = \$100, \quad C_f = \$5, \quad C_S = \$1.$$

Toutefois, supposons que le système de stockage peut devenir en rupture de stock et que le coût de pénurie du stock est $C_P = \$0,80/$ unité/an. Dans ce cas, la fluctuation du stock évoluera d'après le modèle 3 (fig. 5.8). On veut déterminer la politique optimale à mettre en oeuvre.

SOLUTION

Utilisant les formules des pages 167 et 168, on trouve:

$$Q^* = \sqrt{\frac{2\beta C_0}{C_S}} \sqrt{\frac{C_S + C_P}{C_P}} = \sqrt{\frac{(2)(5\,000)(100)}{1}} \sqrt{\frac{1 + 0,80}{0,80}}$$

$$= (1\,000)(1,5) = 1\,500 \text{ unités.}$$

Le niveau optimal du stock en entrepôt est:

$$s^* = \sqrt{\frac{2\beta C_0}{C_S}}\sqrt{\frac{C_P}{C_S + C_P}} = 1\,000\sqrt{\frac{0,80}{1 + 0,80}} = (1\,000)(0,6666)$$

$$= 667 \text{ unités}$$

Le temps entre chaque lancement de production est

$$t^* = \frac{Q^*}{\beta} = \frac{1\,500}{5\,000} = 0,3 \text{ an ou à tous les 75 jours pour une pé-}$$

riode de 250 jours ouvrables.

Le réapprovisionnement ne s'effectuera que lorsque

$$Q^* - S^* = 1\,500 - 667 = 833 \text{ unités de l'article auront été}$$

reportées. On n'aura donc aucune unité en stock durant

$$\frac{Q^* - S^*}{\beta} = \frac{833}{5\,000} = 0,1666 \text{ an, soit approximativement 42 jours.}$$

Le coût total de ce système de stockage est:

$$CTS^* = (\frac{5\,000}{1\,500})100 + (5\,000)(5) + \frac{(1)(667)^2}{(2)(1\,500)} + \frac{(\$0,80)(833)^2}{(2)(1\,500)}$$

$$= 333,33 + 25\,000 + 148,30 + 185,04$$

$$= \$25\,666,67.$$

5.10 AUTRES MODÈLES

Il existe beaucoup d'autres modèles de gestion des stocks ainsi que différentes méthodes d'analyse selon le système à étudier. Nous n'avons voulu ici que structurer quelques modèles et appliquer certaines méthodes d'optimisation que nous connaissions. Nous laissons donc au lecteur le soin de consulter des ouvrages spécialisés dans ce domaine s'il veut approfondir ses connaissances sur la gestion des stocks.

5.11 PROBLÈMES

1. La demande pour un certain bien est de 3 600 unités par année; de plus, la consommation est répartie d'une façon régulière

sur l'année. Les coûts de réglage de l'entreprise sont de
$40 et le coût de stockage est de $20 par unité par an.

a) Déterminer la quantité optimale de chaque lot à fabriquer
qui minimisera les frais de l'entreprise.

b) Quel doit être le nombre optimum de mises en fabrication?

c) Quel est le niveau moyen du stock?

d) De quelle façon les valeurs déterminées en a), b) et c)
sont-elles affectées si les coûts de réglage augmentent de
$50?

e) Quel est le coût optimum du système de stockage, si les
coûts de fabrication sont de $2 par unité?

f) Déterminer, pour chaque coût de réglage, le niveau moyen
du stock.

2. L'analyste de l'entreprise VICTO a déterminé qu'il en coûte
$60 pour la passation d'une commande de la pièce OX-200-A et
$5 pour l'achat de la pièce elle-même. Les coûts de stockage
sont de $0,50 par unité par mois. L'entreprise achète norma-
lement pour $90 000 de cette pièce durant l'année (coût des
pièces seulement) et l'utilisation de cette pièce s'effectue
d'une façon régulière durant l'année.

a) Déterminer la quantité optimale de chaque commande qui
minimisera les frais d'acquisition et de stockage.

b) Quel est le nombre optimum de commandes durant l'année?

c) Quel est le temps écoulé entre chaque commande?

d) Quel est le coût de cette politique?

3. L'entreprise Lumino a une demande annuelle de 135 000 lampes
fluorescentes de type F40W12. La consommation s'effectue
d'une façon régulière. Les coûts de fabrication sont de $1,25
l'unité et les coûts de réglage sont de $1 000. Les coûts de
stockage sont de $1,20/unité/an. Aucune pénurie de stock
n'est permise. On veut planifier la production pour l'année
tout en minimisant les différents frais de l'entreprise.

a) Déterminer la quantité optimale de chaque mise en fabrication.

b) Quel sera le nombre optimum de mises en fabrication?

c) Quel est le coût total de ce système de stockage?

d) Tracer sur un graphique l'évolution du stock durant l'année. Quel est le niveau moyen du stock?

4. Si dans le problème 3 l'estimation des coûts de réglage est fausse et qu'éventuellement ce coût est de $640, quelle influence aura ce nouveau coût sur la quantité optimale de chaque lot de fabrication? Sur le nombre de mises de fabrication? Quel est, dans ce cas, le coût total de la politique optimale?

5. Dans le problème 2, si le délai de livraison pour les commandes de la pièce OX-200-A est de 5 jours, quel doit être alors le niveau de réapprovisionnement? On suppose qu'il y a 250 jours ouvrables durant l'année.

6. La demande pour un certain appareil électro-ménager est de 200 unités/mois. Le coût de passation d'une commande est de $27 et les coûts de stockage sont de $36/unité/année. Le délai de livraison est de 3 jours. On suppose 20 jours ouvrables par mois. Aucune pénurie de stock n'est permise.

a) Déterminer la quantité optimale à commander ainsi que le nombre de commandes à effectuer mensuellement pour minimiser les coûts d'acquisition et de stockage.

b) Déterminer le niveau de réapprovisionnement.

7. Dans son processus de fabrication, une entreprise a besoin de 2 700 unités par année d'un article et la consommation est répartie d'une façon régulière. Les coûts de stockage sont $0,50 par unité par année. L'entreprise peut satisfaire sa demande soit en achetant, soit en fabriquant elle-même l'article. Les données concernant chaque source d'approvisionnement sont les suivantes:

	Achat	Fabrication
Coût par article (C_f)	$1,50	$1,25
Coût d'acquisition (C_0)	$75	$125
Taux d'approvisionnement	instantané	10 415/an
Délai de livraison	10 jours	5 jours

On suppose 250 jours ouvrables durant l'année.

a) Déterminer la source d'approvisionnement qui est la plus économique (achat ou fabrication).

b) Quelle doit être la quantité optimale?

c) Quel est le niveau de réapprovisionnement?

d) Quel sera le niveau moyen du stock?

e) Déterminer les frais d'acquisition pour l'année avec la source d'approvisionnement retenue.

f) Déterminer les frais de stockage pour l'année.

8. Utiliser à nouveau les données du problème 3 mais en considérant cette fois que le taux de production de l'entreprise Lumino est de 180 000 lampes/année au lieu d'être instantané.

a) Déterminer la quantité optimale de chaque mise en fabrication.

b) Quel est le niveau maximal du stock?

c) Quelle est la période de temps requise pour la fabrication de la quantité optimale?

d) Quel est le niveau moyen du stock?

e) Quel est le coût total de la politique optimale?

9. La demande pour une certaine pièce mécanique est de 2 500 unités par an et la consommation est répartie d'une façon régulière sur l'année. Les coûts de réglage de l'entreprise pour fabriquer cette pièce sont de $100 et les coûts de fabrication sont de $10 par unité. Les coûts de stockage sont de $2/unité/an. On accepte d'être en pénurie de stock et l'entreprise a estimé à $4,50/unité/an ce coût de pénurie.

a) Déterminer la quantité optimale à fabriquer.

b) Déterminer le niveau optimal du stock en entrepôt.

c) Déterminer le temps entre chaque mise en fabrication.

d) Combien d'unités sont reportées avant une nouvelle mise en fabrication?

e) Quel est le coût total de ce système de stockage?

10. La fluctuation suivante représente une politique optimale pour un certain système de stockage:

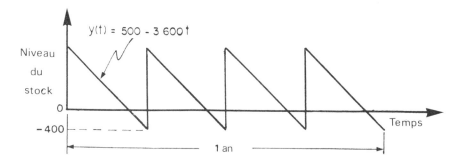

a) Quelle est la quantité optimale de chaque lot?

b) Quel est le niveau du stock en main au début de chaque cycle?

c) Quel est le taux de consommation annuelle du stock?

d) Quel est le temps entre chaque mise en fabrication?

e) Combien d'unités sont reportées avant une nouvelle mise en fabrication?

f) Quel est le niveau moyen du stock pour ce système de stockage?

11. Supposer que l'évolution du stock dans le temps est représentée par la figure suivante:

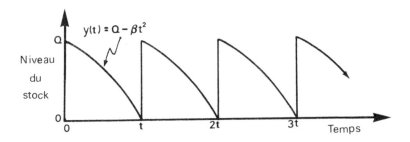

Le niveau du stock en tout temps t à l'intérieur d'un cycle est représenté par la fonction

$$y(t) = Q - \beta t^2.$$

a) Déterminer l'expression du niveau moyen du stock.

b) Déterminer la durée d'un cycle.

c) En supposant C_0 (coût de réglage) et C_S (coût de stockage par unité, par unité de temps), déterminer l'expression du coût total pour un cycle.

d) Déterminer l'expression du coût total pour une période quelconque.

e) Déterminer la quantité Q qui minimise la fonction du coût total.

12. On considère que la variation instantanée du niveau du stock est donnée par l'expression

$$\frac{dy(t)}{dt} = -2\ 000t.$$

De plus, le niveau du stock à t = 0 est Q.

a) Déterminer l'expression du niveau du stock y(t).

b) Représenter graphiquement l'évolution du stock.

c) Quelle est la durée d'un cycle?

VALEURS DE e^{-x}

x	e^{-x}	x	e^{-x}	x	e^{-x}
0,0	1,000	1,5	0,223	3,0	0,050
0,1	0,905	1,6	0,202	3,1	0,045
0,2	0,819	1,7	0,183	3,2	0,041
0,3	0,741	1,8	0,165	3,3	0,037
0,4	0,670	1,9	0,150	3,4	0,033
0,5	0,607	2,0	0,135	3,5	0,030
0,6	0,549	2,1	0,122	3,6	0,027
0,7	0,497	2,2	0,111	3,7	0,025
0,8	0,449	2,3	0,100	3,8	0,022
0,9	0,407	2,4	0,091	3,9	0,020
1,0	0,368	2,5	0,082	4,0	0,018
1,1	0,333	2,6	0,074	4,5	0,011
1,2	0,301	2,7	0,067	5,0	0,007
1,3	0,273	2,8	0,061	6,0	0,002
1,4	0,247	2,9	0,055	7,0	0,001

BIBLIOGRAPHIE

AFTALION, F., B. DUBOIS et J. MALKIN, *Théorie financière de l'entreprise*, Paris, Presses Universitaires de France, 1974.

BAILLARGEON, G., *Modèles Mathématiques en Sciences de la Gestion*, Montréal, Les Presses de l'Université du Québec, 1973.

BRANDT, L.K., *Analysis for Financial Management*, Englewood Cliffs, N.J., Prentice-Hall, 1972.

CANEVET, G., *Le Calcul Scientifique*, Paris, Presses Universitaires de France, 1969.

CONVERSE, A.O., *Optimization*, New York, HRW, 1970.

COOPER, L. et D. STEINBERG, *Introduction to Methods of Optimization*, Philadelphia, W.B. Saunders Co., 1970.

COUGHLIN, R.F., *Elementary Applied Calculus*, Boston, Allyn and Bacon Inc., 1974.

DRAPER, J.E. et J.S. KLINGMAN, *Mathematical Analysis Business and Economics Applications*, New York, Harper et Row, 1972.

FABRYCHY, W.J., P.M. GHARE et P.E. TORGERSEN, *Industrial Operations Research*, Englewood Cliffs, New Jersey, Prentice-Hall, 1972.

FLETCHER, A. et G. CLARKE, *Les Méthodes Mathématiques Modernes dans l'entreprise*, Paris, Entreprise Moderne d'Edition, 1970.

GARTENBERG, M. et B. SHAW, *Mathematics for Financial Analysis*, Oxford, Pergamon Press, 1976.

GOTTFRIED, B.S. et J. WEISMAN, *Introduction to Optimization Theory*, Englewood Cliffs, N.J., Prentice-Hall, 1973.

HADLEY, G., *Non linear and Dynamic Programming*, Reading, Mass., Addison-Wesley, 1964.

_____, et T.M. WHITIN, *Analysis of Inventory Systems*, Englewood Cliffs, N.J., Prentice-Hall, 1963.

HENON, R., *L'économétrie au service de l'entreprise*, Paris, Gauthier-Villars, 1964.

JOHNSON, R.H. et P.R. WINN, *Quantitative Methods for Management*, New York, Houghton Mifflin, 1976.

KILLEEN, L., *Techniques de Gestion des Stocks*, Paris, Bordas, 1971.

LEVY-LAMBERT, H. et J.P. DUPUY, *Les choix économiques dans l'entreprise et dans l'administration, tome 2, études de cas*, Paris, Dunod, 1973.

MILLER, R.E., *Modern Mathematical Methods for Economics and Business*, New York, HRW, 1972.

PAIK, C.M., *Quantitative Methods for Managerial Decisions*, New York, McGraw-Hill, 1973.

PARISI, D.G. et A.J. ALWAN, *Quantitative Methods for Decision Making*, New Jersey, General Learning Press, 1974.

RIGGS, J.L., *Economic Decision Models for Engineers and Managers*, New York, McGraw-Hill, 1968.

RIVETT, P., *Principles of Model Building*, New York, John Wiley and Sons, 1972.

RIVETT, P. et R.L. ACKOFF, *Guide pratique de Recherche opérationnelle à l'usage des directions*, Paris, Entreprise Moderne d'Edition, 1964.

SCHNEIDER, E., *Micro économie: Introduction à la théorie économique*, Paris, Editions Sirey, 1974.

TEICHROEW, D., *An Introduction to Management Science*, New York, John Wiley and Sons, 1964.

TERSINE, R.J. et C.A. ALTIMUS Jr., *Problems and Models in Operations Management*, Columbus, Ohio, Grid Inc., 1974.

TRUEMAN, R.E., *An Introduction to Quantitative Methods for Decision Making*, New York, HRW, 1974.

ZAHRADNIK, R.L., *Theory and Techniques of Optimization for practicing engineers*, New York, Barnes et Noble, 1971.

ZERMATI, P., *Pratique de la Gestion des Stocks*, Paris, Dunod, 1972.

RÉPONSES AUX PROBLÈMES

Chapitre 1

1. a) $Y = 700\ 000 - 100\ 000X$
   c) 6,5 ans

2. a) $Y = 2\ 000 + 3X$
   b) $Y = 20X$
   c) $Y = 10\ 000 - 2\ 000X$
   d) $Y = 300 + 20X$

3. b) \$1 600
   c) $Y = 100 + 1,60X, \quad X > 2\ 000$

4. b) 700 unités
   c) 90 jours
   d) 100 jours

5. a) $\dfrac{5\beta_0}{6\beta_1}$

   b) $\dfrac{\beta_0}{2}$

   c) β_0

   d) $\dfrac{\beta_0}{\beta_1}$

6. c) 12 000
   d) $C = 4\ 500 + 3X$
   f) 1 500

7. a) 1 750
   c) 2 500

8. a) $Y = -200X + 10\ 000$
   b) \$25

9. a) $P = 12\ 000 + 260X - 10X^2$
   d) 13; \$13 690
   e) \$380

10. b) 60
    c) 26 ou 95

11. b) \$5 632

12. a) \$10 000
    c) $\approx 54\%$

13. c) $R = -15X^2 + 50\ 000X$
    d) \$2 166,67
    e) 17 500

Chapitre 2

1. a) 10

    b) $-2 - \Delta X$

2. a) 5

    b) $2 - 2X$

    c) $\dfrac{-10}{X^3}$

    d) $\dfrac{1}{\sqrt{X}}$

    e) e^X

3. b) i) 120

        ii) 0

        iii) -40

4. $f'(X = 4) = 37$

       $f''(X = 4) = 20$

       $f'''(X = 4) = 6$

5. a) \$5

    d) 1 100 gallons

7. a) \$11 900

    b) \$59

    c) 14 000

8. b) 180

9. c) 1 600 gallons

10. minimum local à $X = \dfrac{5}{3}$

    maximum local à $X = 5$

    point d'inflexion à $X = \dfrac{10}{3}$

11.   10 000

12. b) 180

13. a) 7 500 lampes

    b) \$56 210

14. c) $X = \dfrac{z_1 + \beta_0}{2(z_2 + \beta_1)}$

15. a) 50

16. a) \$7

    b) \$2

    c) 600

17. a) 6 250

    b) \$13,75

    d) 50%

18. a)

       i) $P_{max} = -500 + \dfrac{(900-t)^2}{10}$

       iii) $T = 180t - \dfrac{t^2}{5}$

    b) $X = 179$

        $P_0 = \$105$

19. a) maximum local $(0,8)$

        minimum local $(2,4)$

        point d'inflexion $(1,6)$

    c) minimum $(3,-15)$

        point d'inflexion $(0,12)$

        point d'inflexion $(2,-4)$

20. d) \$300

    f) \$400

    g) 4 000 unités

    j) $P_0 = \$412,50$

        $X = 3\ 500$ unités

        $P_{max} = \$156\ 250$

Chapitre 3

1. β_1; $\beta_2 \cos X_2$

4. $\dfrac{\partial^2 Y}{\partial X_1^2} = 44$; $\dfrac{\partial^2 Y}{\partial X_2^2} = 8$

$\dfrac{\partial^2 Y}{\partial X_1 \partial X_2} = 80$

5. $\dfrac{dY}{dt} = 1 + 2X_2 + 4X_1 t - 8t$

6.   c)   25; -8

8.   a)   minimum ($X_1 = 0$, $X_2 = -1$)

    b)   max ($X_1 = 0$, $X_2 = 0$)

    c)   col

    d)   col (0,0);

        minimum (6,18)

9. $Y_{min} = -36$

10. $X_1 = -\dfrac{16}{7}$, $X_2 = \dfrac{4}{7}$

11.   ($X_1 = 2$, $X_2 = 3$);

    ($X_1 = 2$, $X_2 = -3$)

    ($X_1 = -2$, $X_2 = 3$);

    ($X_1 = -2$, $X_2 = -3$)

12. $X_1 = 72,8$, $X_2 = 711$

14. $Y = 30,2 + 7,8X$

15.   a) $Y = 900 + 616,364X$

    c)   7 680

16. $C = 115$

17.   b) $D = 4\beta_4 \beta_5 - \beta_3^2 > 0$

18.   b) $X_2 = 1\ 000$

       $X_1 = 2\ 000$

19.   b) $X_1 = 14\ 000$, $X_2 = 6\ 000$

    c) $180; $260

20. $X_1 = 4$, $X_2 = 2,1$, $X_3 = \dfrac{1}{2}$

21.   a) $X_1 = 10$, $X_2 = 20$

    b) $X_1 = 10$, $X_2 = 6$

    c) $X_1 = \dfrac{760}{39}$, $X_2 = \dfrac{38}{39}$

22.   b)   ii) $X_1 = \dfrac{100}{3}$, $X_2 = 20$

23.   a) $X_1 = 10\ 000$, $X_2 = 6\ 000$

    c) $\approx 40

24.   a) $X_1 = 15\ 000$, $X_2 = 6\ 000$

    d)   Diminution $\approx 10

25.   a) $X_1 = 10$, $X_2 = 6$

    b) $X_1 = \dfrac{5}{8} b$, $X_2 = \dfrac{3}{8} b$

       $Y = \dfrac{7}{16} b^2$

26.   a) $X_1 = \dfrac{81}{117} b$, $X_2 = \dfrac{36}{117} b$

    c) $b = 117$

    d) $\lambda = 0$ et $\lambda = -2$

Chapitre 4

2. $Y = \dfrac{4}{X} - 2$

3. $Y = \dfrac{100X^{3/2}}{3} - 800$

4. $Y = 10X^2 - \dfrac{X^3}{3} + 108$

5. $1\ 260

7. $92/3$

8. $37/12$

9. b) $256/3$

10. non

11. a) oui

    b) 5,5 ans

    c) 7 ans

12. a) VMO $= 2,4$

    b) VMO $= 0$

    c) VMO $= \dfrac{5}{2}$

    d) VMO $= \dfrac{2B-A}{4} = \dfrac{B}{8}$

    e) VMO $= A - \dfrac{Bt^2}{3}$

    f) VMO $= A/2$

Chapitre 5

1. a) 120

    c) 60

    d) 180; 20; 90

    e) $9 600; $10 800

2. a) $Q = 600$

    d) $93 600

3. b) 9

    c) $186 750

4. $Q^* = 12\ 000$

5. 360

6. a) $Q^* = 60$

    b) 30

7. b) $Q^* = 1\ 350$

    d) 500

    f) $250

8. a) 30 000

    d) 3 750

    e) $177 750

9. a) 600

    d) 184

    e) $25 832,06

10. b) 500

    e) 400

    f) ≈ 139

11. a) $\dfrac{2Q}{3}$

    d) $Q^* = \left[\dfrac{9}{16} \dfrac{C_0^2 \beta}{C_S^2} \right]^{1/3}$

12. c) $t = \sqrt{\dfrac{Q}{1\ 000}}$

Imprimé
sur les presses
de l'Imprimerie Saint-Patrice Inc.
de Trois-Rivières
pour les
Éditions SMG.